全国教育科学“十三五”规划2018年度教育部重点课题“职业院校现代学徒制背景下新型师徒关系的研究”（DJA180327）研究成果

职业教育现代学徒制新型师徒关系的研究与实践

丁文利 / 著

中国纺织出版社有限公司

内容提要

本书围绕我国现代学徒制新型师徒关系如何构建及实践进行了前瞻性理论探究与思考，并结合职业院校的具体做法进行案例分析。案例分析均由研究人员深入职业院校和合作企业收集的一手信息撰写而成。全书共分为九章，分别梳理国外学徒制发展及师徒关系的演变，探究我国学徒制的演变与师徒关系的变迁，通过现代学徒制师徒关系分析模型构建，提出构建中国特色学徒制新型师徒关系策略等。

本书适合职业院校教育工作者阅读，也可供行业企业开展现代学徒制研究借鉴参考。

图书在版编目（CIP）数据

职业教育现代学徒制新型师徒关系的研究与实践 / 丁文利著．-- 北京：中国纺织出版社有限公司，2020.5

ISBN 978-7-5180-7292-7

Ⅰ．①职… Ⅱ．①丁… Ⅲ．①职业教育—学徒—教育制度—研究—中国 Ⅳ．①G719.2

中国版本图书馆 CIP 数据核字（2020）第 059891 号

策划编辑：孔会云　　责任编辑：沈　靖　　责任校对：寇晨晨

责任印制：何　建

中国纺织出版社有限公司出版发行

地址：北京市朝阳区百子湾东里 A407 号楼　邮政编码：100124

销售电话：010—67004422　传真：010—87155801

http：//www.c-textilep.com

中国纺织出版社天猫旗舰店

官方微博 http：//weibo.com/2119887771

三河市宏盛印务有限公司印刷　各地新华书店经销

2020 年 5 月第 1 版第 1 次印刷

开本：710 × 1000　1/16　印张：10

字数：151 千字　定价：98.00 元

前　言

古人云：一日为师，终身为父。学徒制是一种以口传身授为主要形式的技能传授方式，从人类早期社会一直存在且发展至今。学徒制被认为是职业教育的最早形态，在我国职业教育发展历史过程中占有重要地位。学徒制，英文为 apprenticeship，有时也与学徒制度（apprenticeship system）或学徒制教育（apprenticeship education / apprenticeship and education）等混用，很难找到一本对学徒制进行概念界定的权威工具书。《韦氏第三版新国际英语词典》（1976 年）规定：学徒，受契约或法律合约限制，为某人服务一定时间同时在师傅的管理下按当时或以前的教学方式学习某项技艺或行业的人；在高技能员工的指导下，通过实际经验，学习某个行业、技艺或职业的人，通常有预定的时间周期，并获得预定的工资。学徒制，学徒或新手的服务或身份；学徒或新手服务的时间。《新哥伦比亚百科全书（第 4 版）》（1975 年）规定：学徒制，学习一项技艺或行业的制度，学员被约定，并为其学习付出一定年限的劳动。《技术职业教育辞典》（杨朝祥，1984 年）规定：学徒，青年在家长或监护人之监护下与雇主成立协议，在协议之条件下，由雇主供给青年学习一种技术行业或其他职业之机会，此等青年称为学徒。学徒制教育，指工厂制未发展之前之旧式学徒教育。曾盛行于世界各国，其特色多包括三种：学徒制受师傅管教；师傅负责传授技能并介绍就业；师傅供给膳宿。可以发现，“学徒制”的界定有广义和狭义两种。狭义的界定认为学徒制必须存在正式的契约关系；广义的界定则将非契约形式的学徒培训也纳入其中。在本书中，将采用广义的学徒制界定，目的是从更宽广的历史维度，对学徒制的来龙去脉做全面的把握。

我国学徒制历经前学徒制、手工业学徒制、行会学徒制、学徒培训以及现代学徒制的历史演变。2014 年我国提出实施现代学徒制，它是一项旨在深化产教融合、校企合作，进一步完善校企合作育人机制，创新技术技能人才培养的模式。

师徒关系作为学徒制中重要一环，随学徒制发展而不断发生变化。从社会学角度看，师徒关系主要经历了依附关系、亲密关系、雇佣关系、工厂制师徒以及双导师团队，从私人关系到社会关系、从依附关系到带有雇佣色彩的不平等契约化形式，直至近代劳工管理制度下的追求平等的师徒关系，师徒关系逐渐迈向平等化、理想化。

从教育学角度看，职业教育现代学徒制的角色包括学徒、企业导师和学校教师，三者之间的相互关系是现代学徒制实施的主线。在现代学徒制职业教育背景下，学徒身份的双重性决定了师徒关系的双面性，学校教师与学徒是职业教育义务下的师生关系，企业导师与学徒是隐性契约下的师徒关系。在教育性特质基础上，构建新型的现代学徒制师徒关系对现代职业教育发展、学徒培养等均有深刻意义。

本书是全国教育科学“十三五”规划 2018 年度教育部重点课题“职业院校现代学徒制背景下新型师徒关系的研究”（编号：DJA180327）的研究成果，围绕如何构建新型师徒关系、促进现代学徒制高质量发展提出了前瞻性的理论思考，并结合山东省和山东科技职业学院的具体做法展开案例分析。理论思考不仅有教育学、心理学、哲学等学科视野，还收集了社会学、管理学等学科的理论与方法。一些基于调查分析的案例均为研究人员深入山东省的职业院校、合作企业和山东科技职业学院，收集一手信息撰写而成。

本书分为九章，分别探究国外学徒制的发展与借鉴、国外学徒制师徒关系的演变、我国学徒制的演变、基于社会学的我国学徒制师徒关系变迁、传统师徒关系与新型师徒关系、中国特色学徒制新型师徒关系的构建策略、现代学徒制师徒关系分析模型构建、基于新型师徒关系的山东现代学徒制创新实践以及基于新型师徒关系的现代学徒制制度标准等内容。

大致来说，本书又可以分为四个部分。

第一章和第二章为第一部分，围绕国外学徒制的发展、国外学徒制师徒关系演变探究对我国的借鉴。主要阐述了德国、英国和澳大利亚三个国家的学徒制发展及特点，以及随之师徒关系发生的演变及异化，为研究我国学徒制师徒关系提供了对比和参考。

第三章到第五章为第二部分，围绕我国学徒制的演变、基于社会学的我国学徒制师徒关系变迁、传统师徒关系与新型师徒关系的比较三个维度来梳理我国师徒关系的历史演变脉络，探究揭示未来我国现代学徒制师徒关系的发展走向。

第六章和第七章为第三部分，主要通过现代学徒制师徒关系分析模型构建，提出建立师徒关系制度体系、建立师徒关系标准体系、建立师傅培养培训体系、建立师徒关系运行机制体系等来构建中国特色现代学徒制新型师徒关系。

第八章和第九章为第四部分，主要是通过案例来分析基于新型师徒关系的山东省现代学徒制创新实践。通过总结山东省政府推动引导现代学徒制试点的政策，用案例剖析山东科技职业学院与联想（北京）有限公司、歌尔股份有限公司、鲁泰纺织股份有限公司等合作开展现代学徒制特色模式，揭示我国现代学徒制是通过学校与企业深度合作，教师与师傅联合传授，以技能培养为主的现代人才培养模式。同时，现代学徒制形成了基于现代文明的新型师徒关系，师徒能够结成互相促进、共同提升的学习共同体，师徒间能够相互启发、激励，共同成长、进步，促进了师徒双方共成长，实现双赢。

本书的撰写是集体智慧的结晶，是团队合作的结果。山东科技职业学院的杨慧慧老师、魏涛老师、王艳芳老师，山东商业职业技术学院的刘英霞博士等贡献良多，山东省教育科学研究院的申培轩院长、杜德昌所长，山东省教育厅职教处孟令君处长，烟台职业学院的温金祥院长，烟台教育局职业教育研究室的段威主任等各级领导对本课题研究给予大力支持和帮助。另外，写作过程中还参考了国内外众多专家学者的大量研究成果，并尽可能表明了出处。需要特别说明的是，为了能达到理论研究与创新实践相结合的效果，本书一些章节采用了比较鲜活的案例研究。这些案例研究包括制度、标准、办法以及培养方案等，均由山东科技职业学院（包括教学中心、信息工程系、机械工程系、纺织服装系等部门）与联想集团、歌尔公司、鲁泰公司合作开展现代学徒制试点，校企共同创新探索的结晶。本书根据体例需要，引入这些案例研究，相关研究人员都欣然同意，谨在此一并表示感谢！

丁文利

2020 年 2 月

目　录

第一章　国外学徒制的发展与借鉴 …… 1
第一节　德国学徒制 …… 1
一、德国学徒制的历史演变 …… 1
二、德国学徒制的特点 …… 4
第二节　英国学徒制 …… 8
一、英国学徒制的历史演变 …… 9
二、英国学徒制的特点 …… 10
第三节　澳大利亚学徒制 …… 13
一、澳大利亚学徒制的演变 …… 13
二、澳大利亚学徒制变革的特征 …… 15

第二章　国外学徒制师徒关系的演变 …… 17
第一节　前学徒制时期师徒关系的形成 …… 17
一、前学徒制时期师徒关系的演变 …… 17
二、前学徒制时期师徒关系表征 …… 18
第二节　行会学徒制时期师徒关系的契约化 …… 19
一、行会学徒制时期师徒关系的演变 …… 20
二、行会学徒制师徒关系规范 …… 21
第三节　近代学徒制时期师徒关系的异化 …… 23
一、师徒之间转化为雇佣劳动关系 …… 23
二、师徒之间存在对立和竞争关系 …… 23
三、师徒关系自由散漫、缺乏约束 …… 24
第四节　现代学徒制中师徒关系的多样化 …… 24
一、师徒关系平等，教学相长 …… 24

二、师徒情感纽带缺失，关系淡化 …… 25
三、以教育义务为纽带，师徒关系多元化 …… 25

第三章 我国学徒制的发展 …… 26
第一节 我国学徒制的历史演变 …… 26
一、原始社会：前学徒制 …… 26
二、明清以前：手工业学徒制 …… 26
三、明清时期：行会学徒制 …… 27
四、新中国成立初期：学徒培训 …… 28
五、现代学徒制 …… 28
第二节 我国现代学徒制的推进 …… 29
一、加快现代学徒制试点 …… 30
二、全面推行现代学徒制 …… 33
第三节 我国学徒制的价值体现 …… 34
一、学徒制是职业教育历史的起点 …… 34
二、学徒制具有职业教育教学论价值 …… 35
三、学徒制具有职业教育跨界性价值 …… 37

第四章 基于社会学的我国学徒制师徒关系变迁 …… 39
第一节 结构功能主义 …… 39
一、社会学的概念 …… 39
二、社会学初创期的理论 …… 40
三、马克思的结构式思路 …… 40
第二节 社会关系促进师徒关系变迁 …… 41
一、人身依附关系 …… 41
二、亲密师徒关系 …… 41
三、雇佣师徒关系 …… 42
四、工厂制师徒关系 …… 42
五、双导师团队建设 …… 42

第三节 新型师徒关系呈现新的社会关系 …… 43
一、多方互动形塑师徒关系 …… 43
二、新型师徒关系是现代社会发展的必然 …… 43

第五章 传统师徒关系与新型师徒关系 …… 44
第一节 现代学徒制与传统学徒制内涵对比 …… 44
一、育人主体由单一主体向双主体转变 …… 44
二、教学内容由技能为主向素质、知识和能力相结合转变 …… 44
三、教学方式由言传身教向学校教育与企业培养相结合转变 …… 45
四、教学场所由工作场所向学校与企业相结合转变 …… 45
五、评价方式由单一评价向多元评价转变 …… 45
第二节 传统师徒关系与新型师徒关系比较 …… 46
一、师徒关系结构不同 …… 46
二、合同方式不同 …… 47
三、传授内容不同 …… 47
第三节 传统师徒关系与新型师徒关系特征 …… 48
一、传统学徒制师徒关系特征 …… 48
二、现代学徒制师徒关系特征 …… 49

第六章 中国特色学徒制新型师徒关系的构建策略 …… 51
第一节 建立师徒关系制度体系 …… 51
一、完善企业参与现代学徒制的管理制度 …… 51
二、师傅管理制度 …… 52
三、学徒管理制度 …… 52
四、师徒互选制度 …… 53
第二节 建立师徒关系标准体系 …… 53
一、师傅选拔标准 …… 53
二、学徒选拔标准 …… 55
三、评价标准 …… 56

四、职业资格等级标准 …… 57
第三节 建立师傅培养培训体系 …… 57
一、建立师傅继续教育体系 …… 58
二、制订师傅培养计划 …… 58
三、建立师傅人才数据库 …… 59
第四节 建立师徒关系运行机制体系 …… 59
一、建立新型教学共同体 …… 59
二、建立师傅激励机制 …… 60
三、构建新型师徒契约机制 …… 61

第七章 现代学徒制师徒关系分析模型构建 …… 64
第一节 基于层次分析法的学徒评价体系构建 …… 64
一、德尔菲法（Delphi）确定评价指标 …… 64
二、层次分析法（AHP）确定评价指标权重 …… 65
三、一致性检验 …… 67
四、指标权重分析 …… 68
第二节 基于雷达图分析影响师徒关系的指标 …… 69
一、确定调研对象 …… 69
二、设计指标体系 …… 70
三、开展调研并收集数据 …… 70
四、数据分析 …… 71
第三节 现代学徒制师徒关系调研分析报告 …… 73
一、整体调研概况 …… 73
二、学徒调研情况分析 …… 73
三、师傅问卷分析 …… 75
四、调研综合分析 …… 78

第八章 基于新型师徒关系的山东省现代学徒制创新实践 …… 79
第一节 政府推动政策引导现代学徒制试点 …… 79

一、建章立制，搭建平台 …… 79
二、广泛参与，成效明显 …… 80
三、存在的问题与不足 …… 80
第二节 创新实践山东科技职业学院特色学徒制模式 …… 81
一、构建三级现代学徒制试点体系 …… 81
二、创新实践山东科技职业学院特色学徒制模式 …… 83
三、现代学徒制培养了大批工匠型人才 …… 91
第三节 与联想（北京）有限公司开展现代学徒制 …… 92
一、建立校企协同育人机制 …… 93
二、探索实践校企招生招工一体化 …… 94
三、创新实施“2345”现代学徒制人才培养模式 …… 94
四、校企共同构建以“职业能力培养”为主线的课程体系 …… 96
五、打造专兼结合、双师结构合理的高水平“双导师”队伍 …… 100
六、校企共同制订教学管理与运行机制 …… 101
七、探索实施多方参与的考核评价机制 …… 103
八、提高了育人质量，产生了良好社会反响 …… 104
第四节 与歌尔股份有限公司开展现代学徒制 …… 104
一、构建校企协同育人体制机制 …… 105
二、开展校企招生招工一体化 …… 106
三、实施“四阶段双导师”学徒制人才培养模式 …… 106
四、校企共同开发“职业能力培养”为主线的课程体系 …… 107
五、校企共同打造业务精湛的“双师型”专业教学团队 …… 107
六、校企共同实施人才培养 …… 108
七、校企共同制订出徒标准和考核办法 …… 110
八、企业文化深度融合学校教育 …… 110
第五节 与鲁泰纺织股份有限公司开展现代学徒制 …… 112
一、加强校企协同育人机制建设 …… 112
二、推进招生招工一体化 …… 113
三、创新实施“校企融合，三段式能力提升”人才培养模式 …… 113

四、校企合作开发课程与实训项目 ……115
五、建设校企互聘共用的师资队伍 ……115
六、建立现代学徒制质量标准和考核制度 ……116
七、现代学徒制项目成效显著 ……116

第九章 基于新型师徒关系的现代学徒制制度标准 ……118
第一节 构建新型师徒关系制度体系 ……118
一、师傅管理办法 ……118
二、学徒管理制度 ……121
三、师徒互选制度 ……123
四、"双导师"遴选及管理办法 ……125
第二节 构建新型师徒关系标准体系 ……131
一、带教师傅选拔标准及工作职责 ……132
二、徒弟选拔标准 ……134
三、师傅考核标准 ……135
四、学徒考核标准 ……138
五、第三方考核标准 ……142

参考文献 ……145

后 记 ……147

第一章　国外学徒制的发展与借鉴

在全球经济激烈竞争的背景下，世界各国为了提高国际竞争力，提高科技发展与应用水平，均把职业教育的发展提到国家层面战略高度。在职业教育的发展与改革创新历程中，传统学徒制被赋予现代职业教育的新理念和新含义，成为全新的人才培养模式[1]。传统学徒制是职业教育最早的形态，最初的形式是父子在家庭中对技能的口耳相传，中世纪行会时期，学徒制发展到鼎盛阶段，后来传统学徒制的培养方式由于不适应生产方式的变革而逐渐消沉，取而代之的是职业学校。第二次世界大战后，社会的变革又使学徒制得以复兴，以职业学校和企业结合的模式发展为现代学徒制形态。德国、英国和澳大利亚等国家是成功实施现代学徒制的典型代表。

第一节　德国学徒制

德国双元制被誉为当今世界学徒制甚至于职业教育的典范，是经历了错综复杂的历史过程才演变形成的有机整体。双元制包含企业培训与学校教育两大元素，在很长一段时间里都是彼此独立发展的两个单独系统，直到20世纪，这两部分才被整合并有意识地加以结构化，从而形成了一个有机整体——双元制[2]。

一、德国学徒制的历史演变

（一）手工行会学徒制（12～17世纪）

在德国，作为公共制度的学徒制是从中世纪早期的行会学徒制开始的，它的兴起与德国行会制度在中世纪的盛行紧密联系在一起。12世纪的德国，随着手工业生产的显著发展，手工业行会制度也逐渐建立并发展壮大。德国最古老的行会是1106年沃姆斯的贩鱼者行会。到14世纪，德国城市已经建立了数量众多的行会。行会制度在德国比在其他国家具有更牢固的基础，因为德国行会制定了最完备的立法，并彻底、坚决地推行了著名的强制会籍制。手工业行会中的从业者被严格区分为学徒—工匠—师傅三级。手工业师傅训练（即学徒制）是手工业行会培养手工艺人的方式，也是当时唯一的职业教育形式。

（二）行会学徒制的衰败（18世纪~1869年）

家庭作坊的手工业在14世纪发展到极致。随着分工的升级和资本的积累，从16世纪开始，手工工场成为德国的主要生产组织形式。同时，由于西方世界的商路由地中海转移到大西洋，德国的工商业逐步衰退，德国的行会也随之衰弱。到18世纪，德国的手工业行会对学徒制培训的控制力已经非常薄弱，出现了滥用学徒制的情况，引起许多社会问题。德国出台了各种规章法令，对学徒制的学徒资格、师傅资格、学徒年限、满徒条件等进行规范。1869年颁布的《北德意志联邦工商条例》最终全面确立了经营自由制的原则，它代表了德国自由主义经济法制的高峰。学徒合同被认为是私人合同，只受到普通合同法的规范。

（三）双元制的初建（1869~1920年）

工业化是世界各国学徒制演变过程中遇到的普遍挑战。德国是进入工业化较晚的欧洲国家，虽然德国工业化起步较晚，但发展速度却非常快。随着德国工业化进程的推进，探索适应工业化的新型学徒制的研究也就此开始。在19世纪的最后几十年里，德国经历了严重的经济萧条时期，然而，恰恰是这几十年的经济衰退及其引发的社会危机，挽救了已经岌岌可危的德国手工业学徒制，同时滋生出双元制中的另一要素——学校职业教育。并在20世纪初，形成了由企业职业培训与学校职业教育双轨并行的德国现代双元制雏形。1897年的《手工业者保护法》标志着德国手工业学徒制在工业时代的重生，它标志着学校要素在德国学徒制中的产生。1899年，在法兰克福举行的第四届德国进修学校会议决议,进修学校应该是“职业学校”,1920年进修学校正式改称为“职业学校”，使进修学校完成了从普通教育向职业教育的角色转变。至此，由企业职业培训与学校职业教育双轨并行的德国双元制雏形基本形成。

（四）双元制的确立（1920～1969年）

虽然在20世纪初，双元制的两轨——企业职业培训与学校职业教育已经基本形成，但是从制度角度上来说，双元制仍然未得到确立，直到1969年《职业教育法》颁布，才标志着德国双元制的确立。德国双元制经历了从大工业前松散的、不统一的企业与学校独立发展，向较现代化的且结构越来越明晰、合理的方向发展阶段，这些变化主要体现在以下几方面。

1. 双元制的法制化

德意志宪法第2章第145条规定，所有18岁以下的青年都必须在职业学校里学习。1938年7月，德意志科学、教育与成人教育部颁布了《德意志义务教育法》，第一次对青年进入职业学校接受普通职业义务教育作了全国性的统一规定，使双元制在学校的教学部分有了法律依据。1953年，联邦德国颁布了《手工业条例》，再一次确定了企业界对学徒制的职权。1964年，联邦德国教育委员会在《对历史和现今的职业培训和职业学校教育的鉴定》中首次使用了“双元制”一词，正式将这种企业与职业学校合作培养职业技术人才的形式用语言确定下来。1969年8月颁布的《职业教育法》则是德国职业教育史的重要里程碑，在这之前，有关学徒制和职业教育的法律规定都是分散在各种经济法案中的。《职业教育法》的颁布标志着双元制作为一个完整的培训体系完成了其制度化的过程。

2. 培训的标准化

1908年，德国工业界成立了德国技术教育委员会，以表达对工业学徒制的兴趣并维护其利益。1937年，德国技术教育委员会特别组建的工作委员会开发出职业倾向要求。至此，系统化、标准化的培训系统基本形成。另一方面，职业学校的教育也经历了标准化的过程。

3. 培训方法的现代化

大工业生产与传统手工业生产无论在生产技术上还是生产组织管理形式上都存在巨大的差异，这决定了现代工业必须摆脱传统手工业学徒制的教学方式，探索适合自身的培训模式，训练工场应运而生。训练工场中培训的主要特征是其培训课程，这些课程的教学是将完成的工作任务分解成单个操作（如锉、测量），然后根据难度，将特定的操作任务不断整合到学习中去，受训者在特定时间内按这样的顺序进行学习。

（五）双元制的发展（1969 年至今）

从 1969 年开始，联邦德国双元制不断面临新的挑战，进入了新的发展时期。1981 年，联邦议院通过了《职业培训促进法》，进一步促进双元制的发展。德国双元制在这一时期的发展与变化可以概括为以下几个方面。

1. 重新划分培训职业

为了适应现代生产发展的需要，并不断改善双元制的质量，按照《职业教育法》的框架，自 1969 年以来，联邦德国不断对双元制培训职业进行修改和调整。包括去除过时的职业，组合并重构一些内容相似的培训项目。1971 年有 606 个培训职业，到 1994 年仅剩 373 个培训职业。

2. 建立跨企业培训中心

为了满足没有条件单独承担培训任务的中小企业对培训的需求，德国的行业协会建立了许多跨企业培训中心。培训或想培训但无法完成培训课程所规定的所有内容的企业，可以在培训场所以外提供补充培训。跨企业培训中心逐渐成为企业与职业学校以外的第三个学习场所。

3. 引入基础职业培训年

为了使双元制培养出来的职业技术人才能灵活适应不断变化的经济和职业技能要求，1970 年，联邦德国教育委员会建议在其“结构性的教育计划”中引进“基础职业培训年”。基础职业培训年的任务是传授普遍的（跨职业领域的）以及具有某职业领域宽度的专业理论和专业实践的学习内容，使其成为职业基础教育。

4. 将双元制纳入正规教育系统

在“教育是公民权”的民主主义战略下，双元制受到了广泛批评。公众认为，德国教育系统对“普通教育”和“职业教育”的传统区分代表了明显的“社会阶级层级化的名言”。当时的名言是：普通教育是统治阶级的职业教育，而职业教育是被统治阶级的普通教育。而当时的双元制是一个“教育死胡同”，它不能获得与其他中等学校等值的资格证书，更不能升入高等教育机构。

二、德国学徒制的特点

在对德国学徒制的历史演变及当代双元制较为全面梳理的基础上，将德国学徒制的特点归纳为以下几点。

（一）以职业性为首要原则

德国学徒制是受 Beruf（德语，意为职业、行业等）的概念指导的，这使得德国学徒制与其他国家的培训体系非常不同，尤其是与非德语系的国家相比。它使德国劳动力与培训市场从“自由市场”转变成一种“自我规范的市场”。无论是德国历史中的学徒制还当今的双元制，都是以职业性为首要原则的，具体如下。

1. 学徒制培养的是一个职业所需要的技能，而不是某个企业所需要的技能

在德国观念和实践中，学徒制必须关注于“广泛的基础职业知识以及完成一项职业活动所需要的知识和技术技能”。特别是在当代双元制中，学徒在企业中的培训必须遵循相应的职业培训条例，而这些职业培训条例是联邦政府、州政府、行业协会以及工会通过严格而复杂的程序共同协商确定的。

2. 学徒制培养的是整个职业所需要的技能，而不是零碎的或片面的技能

在德国，作为一个职业人，应该能够完全胜任某个职业。为了培养出这样的职业人，所传授的就应该是这个职业所需要的一整套能力，而不是部分的、片面的、零碎的技能。这就意味着，作为职业初级入门培训，学徒制原则上是非模块化的，因为要对青年进行整个职业的培训。

3. 企业本位是学徒制的核心

在德国人看来，要习得一项职业，必须经过企业历练。单纯的学校本位职业教育被认为是脱离实际的、偏重理论的或者脱离日常生活的，只有通过企业实践，青年才能习得真正的职业能力。另外，企业实践不仅包含学习过程，还包含重要的青年社会化过程，这种社会化是学校环境不可能给予的。学徒通过企业实践，理解并习得除了工作技能以外的职业素质，成长为成熟的职业人。

4. 学徒制是与特定职业资格联系在一起的

从行会学徒制开始，便只有完成了学徒制的人才能获得从业资格。如今的双元制仍然保留了这样的传统。双元制结束时，学徒如果能够通过最终考试，就可以获得全行业认可的从业资格。德国企业界对这种从业资格是非常看重的。

他们坚持认为只有参加了双元制的人，才有资格进行从业资格的考试。

（二）建立在利益均衡的合作机制上

双元制是按“新社团主义”的规范组织的，这种规范建立在雇主联盟、工会、学校的共同行动上，政府赋予了这些组织管理集体利益的义务，它代表了政府管理与市场管理之间的微妙妥协。在双元制中，政府、工会、行业协会以及学校扮演了不同的角色，并且它们之间通过协商的方式，对双元制的实施达成了一致意见，从而形成了对双元制的各种规范。这些组织比较全面地代表了双元制的所有利益相关者，除了政府（包括联邦政府和州政府）和学校以外，雇主的利益是由行业协会代表的，学徒的利益是由工会代表的。在双元制的许多组织和管理机构以及规范订立过程中，都可以看到这种利益均衡的合作机制。

（三）高度的企业参与

在德国学徒制中，企业界一直保持着参与职业教育的热情态度和行动，这被人们解读为德国双元制成功的重要因素之一。

1. 德国企业高度参与学徒制的表现

在德国，双元制中企业和学校的双元性是不平衡的，职业学校的作用并不是根本性的，而是补充性的，在双元制中起主要（甚至是根本性的）作用的实际上是企业。德国企业在双元制中的高度参与具体表现如下。

（1）指导职业教育的各项安排。职业培训条例和各州的教学计划分别是指导企业培训和指导职业学校教学的核心文件，它们对双元制职业教育的内容、标准以及时间做出了详尽的规范。企业对双元制职业教育各项安排的主导作用就表现在这两个核心文件的制定过程中。职业培训条例是核心中的核心，职业学校教学计划的制定是围绕它进行的。而在职业培训条例的制定过程中，企业是起主导作用的。

（2）以企业为主要的培训场所。虽然双元制既包含了企业培训，又包含了职业学校学习，但二者的分工不是平均的。其中企业培训是主体，在时间上企业培训与职业学校学习之间的比例为 7 ∶ 3；在学习内容上，企业培训传授实践技能，职业学校则教授辅助性的专业理论与普通文化知识。

（3）企业本位培训成本由企业承担。与其他国家相比，德国企业对学徒制的高度参与，最为突出的表现是企业对职业教育成本的直接承担。在德国，企业以自愿原则提供双元制培训，承担全部企业本位培训的费用，包括学徒津贴、实训教师工资、设备材料和教学资料等。

2. 德国企业高度参与学徒制的原因

德国崇尚技艺、重视职业教育的文化以及长期以来企业主导学徒制培训的传统，使得企业对投入双元制具有高度的责任认同感。德国企业与其他国家企业对职业教育的投入态度和行动上的巨大差异，有制度上的原因。

（1）较低的学徒津贴。德国清晰地区分了学徒和雇员的合同身份，学徒获得的是津贴而不是工资，因此，学徒的收入是比较低的，学徒工资一般都在正式员工的25%~40%，使企业对培训投入的成本得到控制。

（2）长期回报的考虑。虽然企业培训的成本总体上仍然大过短期的、直接的培训收益，但德国企业提供双元制培训还有长期回报的考虑。这主要包括减少错误招聘不合适雇员的可能、树立企业良好的社会形象以及获得政治利益等。

（3）对投资风险的控制。投资风险主要存在于企业培养出来的合格学徒可能会被其他企业雇用，对此，德国的大企业和小企业分别采用不同的风险控制手段。对于大企业而言，企业本身的品牌效应、工资待遇以及员工的潜在发展机会对学徒都具有很强的吸引力。对于小企业来说，将学徒转移到跨企业培训中心来开展学徒培训，也控制了投资风险。

（四）较完善的规范体系

德国为双元制建立了一套相对完整、明晰的规范体系。从宏观层面看，德国双元制建立了较完善的法律体系，尤其是1969年的《职业教育法》，充分体现了德国双元制的高度制度化特征。从中观层面看，职业培训条例和框架教学计划使企业培训与职业学校教学有章可循，保证了双元制人才培养的质量和流动性，并且对企业的培训和职业学校的教学进行了必要的协调。从微观层面看，教学实施的督导体系较完善，针对职业培训条例以及州教学计划的具体贯彻实施，德国建立了较完善的督导体系。

（五）提供有力支持的三轨教育体系

与大多其他经济发达国家相比，德国参加学徒制的人数众多，在很大程度上是由普通教育系统保持着传统的三轨教育结构（主体中学、实科中学、文法学校）引起的。这种三轨制的教育结构包含着强烈的社会分轨过程，而欧洲其他国家在最近三四十年都是将不同的教育轨道合并或者缩小不同轨道之间的差距。

（六）有利的历史文化传统

虽然德国双元制长期得到世界的推崇，但它的文化特殊性也被认为是其他国家移植这一体系的障碍。这种文化传统的特殊性主要表现在以下几方面。

1. 重视职业教育的文化传统

德国人对职业教育的重视与其对技艺的崇尚以及对职业的“天职观”都是密不可分的。在德国的宗教文化中，职业是上帝指派给每个人的“天职”，每个人都有责任将其尽力做好。有一技之长的人，在德国是受到尊重的，他们的地位并不比拥有普通高等教育学历的人低。德国政府向来非常重视职业教育，把它作为国家发展的重要战略。

2. 雇主参与学徒制的历史传统

德国雇主参与学徒制的传统可以追溯到中世纪的行会学徒制。德国企业习惯于通过主动参与学徒制的组织、管理和实施来满足自己的用人需求。另外，这也成为德国企业特有的企业文化特征。这种文化传统因素可以被归纳为由德国学徒制历史发展产生的“路径依赖”效应。

第二节　英国学徒制

英国学徒制产生于中世纪手工业繁荣时期，在促进经济发展和发展学徒制教育制度方面起着不可或缺的作用。从中世纪开始到新世纪初期，学徒制的发展经历了几个阶段，但并非是一帆风顺的过程，可分为产生、发展、繁荣、衰落、复兴、改革等阶段。

一、英国学徒制的历史演变

与西方大多国家的发展历程一样，英国学徒制的历史演变典型地呈现出手工业行会学徒制、国家立法学徒制、集体商议学徒制和现代学徒制四个阶段。

（一）手工业行会学徒制（约 12 世纪 ~ 1563 年）

英国最早的学徒制是伴随着手工业行会的兴起而产生的，英国的行会制度大约产生于 12 世纪初，并且迅速发展。学徒制既是手工业行会培养合格从业者的唯一途径，又是行会控制行业内部竞争的重要手段。在学徒制开始之前，学徒的监护人向师傅支付学费，并与师傅订立契约，在行会登记注册。学徒的学习年限为 5~9 年不等，但一般为 7 年。完成学徒期后，学徒并不是直接可以升为工匠，而必须接受行会的检查。

（二）国家立法学徒制（1563 ~ 1814 年）

虽然行会制度在初期曾经起到了一定的积极作用，但随着社会经济的进一步发展，越来越成为商品经济和社会化大生产发展的桎梏。16 世纪前后，美洲新大陆的发现为西欧大大扩展了市场，刺激了西欧手工业的发展。手工工场逐渐替代家庭作坊，得到了快速发展。在英国学徒制的历史上，1563 年颁布的《工匠学徒法》是非常有意义的，它将对学徒制进行规范和管理的权力收归国家。1814 年，《工匠学徒法》被废除，师傅和工匠的身份不再具有法律性，从业前必须完成学徒制的要求也不再有效，英国的国家立法学徒制时代在此画上句号。

（三）集体商议学徒制（1814 ~ 1964 年）

18 世纪，工业革命首先在英国上演。纺织机、蒸汽机的发明，使机械开始代替人力。同时生产方式也继续发生变化，工厂生产逐渐替代了手工工场。1853 年《市政公司法》彻底取消了行会特权，使得行会退出历史舞台，学徒制又回到了它的历史起点——社会自发状态。在法案被取消后，英国的学徒制在大多数行业都依然存在，只是形态发生了转变，学徒制不再受法律约束，只是师傅与学徒及其监护人之间的自由合同或协议。

（四）现代学徒制（1964年至今）

1964年，英国颁布了《产业培训法》，这对英国学徒制有着重要意义。该法案要求在各行业建立产业培训委员会，保证产业界与教育界之间的沟通与合作；确定了产业培训的征税拨款机制；职业学校要为学徒设置“日释”和“期释”的职业教育课程，而企业则有法律义务送学徒到学校接受这种教育。《产业培训法》的实施部分改变了英国企业自愿自助的培训惯例，使政府重新承担起对学徒制的宏观控制，并将职业教育机构里实施的职业教育与企业中的工业培训结合起来。这些改变都标志着英国探索适应现代工业社会学徒制历程的开始。为了重振学徒制，解决英国日益严重的技能短缺问题，1993年11月，英国政府宣布要进行现代学徒制改革。随着学徒制和高级学徒制项目的成功实施，英国目前又开展了高等学徒制的试点，形成了较完整的学徒制体系，包括青年学徒制、前学徒制、学徒制、高级学徒制和高等学徒制。

二、英国学徒制的特点

（一）建立在准市场机制上

英国的职业教育素有“自愿自助”的传统，即职业教育主要依靠企业界的自愿培训，政府则奉行“自由放任主义”的原则，对企业培训不加干预。但是在英国现代学徒制的准市场机制中，政府不仅要宏观调控，还直接参与市场供需方的活动。这种准市场机制具体表现如下。

1. 政府与雇主联合制定学徒制标准

为了防止企业在制定学徒制标准和提供学徒制时仅为企业服务，特别是仅为企业的短期技能需求服务，政府也参与了学徒制标准的制定，以维护学徒个人职业生涯发展的需要以及国家经济和社会长期发展的需求。因此，现代学徒制中不仅有国家职业资格的要求，还有技术理论和关键技能的要求。

2. 政府是学徒制的重要出资方

在英国现代学徒制中，政府不仅为学徒的脱产培训支付经费，同时也为学徒在企业中的培训支付经费。表现为政府购买由企业与培训机构联合提供的学徒制服务。企业虽然支付了学徒工资，但这些工资成本实际上是可以通过学徒的生产劳动抵消的。

3. 雇主与学徒之间的培训合同要通过第三方培训机构来达成

培训机构在英国现代学徒制的市场运作中起到了重要作用。一方面，雇主不能独立成为培训提供方，培训必须由培训机构与雇主联合提供；另一方面，雇主必须经由培训机构才能得到国家的学徒制培训经费。因此，在很大程度上，培训机构控制着英国学徒制市场的“交易”。

（二）雇主占主导地位

在英国“准市场”运作机制的现代学徒制体系中，参与方主要包括政府、雇主、培训机构和学习者，在其中占主导地位的仍然是雇主。这与英国政府力图使职业教育从供给引导向需求引导转变的意图是相符的。雇主在英国现代学徒制中的主导地位主要表现如下。

1. 雇主对学徒制决策起重要作用

学习与技能委员会、行业技能开发署、行业技能委员会是英国现代学徒制的重要组织和管理机构，在这些机构中，雇主代表占很大比例，他们对与学徒制有关的决策有重要的影响作用。

2. 雇主是制定学徒制框架的核心力量

学徒制框架是由行业技能委员会起草和审批的，他们首先组织企业界人士开发出各项国家职业标准，然后根据这些标准再开发出学徒制框架中的国家职业资格要求，最后再匹配相应的理论知识和关键技能要求，从而形成完整的学徒制框架。

3. 雇主在具体的培训内容和方式上有较大自主权

虽然英国现代学徒制的学徒制框架规定了学徒培训三大要素（能力本位要素、知识本位要素以及关键技能要素）的具体资格要求，但并没有就具体的内容和培训方法做规定。只要保证学徒最终能够取得这些资格认证，雇主可以相当灵活地选择何时、何地、以何种方式提供什么内容的培训。

（三）学徒制体系阶梯化

与其他国家的学徒制体系相比，英国现代学徒制体系呈现出阶梯化的明显特点。目前，英国广泛的学徒制体系包括五级：青年学徒制、前学徒制、

学徒制、高级学徒制和高等学徒制。各级之间相互贯通，并且最高一级的高等学徒制还可上通高等教育。这种制度设计可以达到三方面的效果：一是满足不同层次技能培训的实际需要；二是在不同层次的学徒制以及学徒制与高等教育之间，建立起直通车；三是改变人们对学徒制低层次、无前途的刻板印象。

（四）培训与考评基于能力结果

英国现代学徒制的完成以是否达到能力要求为标准，并没有规定固定的学徒期长度。它的培训与考评强调的是职业能力，而非理论知识；控制的是培训结果，而非培训过程。具体表现如下。

1. 强调职业能力标准

在学徒制框架的三大要素中，核心要素是能力本位要素，它的表现形式就是国家职业资格，其他两个要素都是围绕这一核心要素设计的。整个学徒制体系更是与国家职业资格体系相对应，学徒制、高级学徒制和高等学徒制分别对应的是国家职业资格的二级、三级、四级。

2. 对培训过程不加规范

英国现代学徒制并没有对培训过程中的各种要素进行规范，如教学内容、教学进度、教学方式和教师资质等。

3. 以能力本位的认证考评

传统的书面考试并不是英国学徒制各项认证的主要考评方式。学徒制的许多考评注重的是对能力的测试，经常是在工作场所开展，并且以经常性考评的材料累积取代一次性考证。这样的考评方式有助于对个体是否真正具备相应职业能力做出正确判断。

（五）体现终身学习型社会的理念

为了应对技术更新加快和经济全球化的挑战，英国现代学徒制也充分体现了建设终身学习型社会这一理念。

1. 培训对象不仅是刚毕业的青年，更鼓励就业成人参加

英国学徒制的参加者是没有年龄上限的，而且学徒制分级，照顾了不同层

次职业技能学习者的需要。从某种程度上说，学徒制在英国不仅是一种初级入门职业教育，更是成年人的继续职业教育。

2. 培训与认证使用模块策略

英国学徒制框架要求学徒取得若干个不同的认证，而各项认证之间是相互独立的。这意味着学徒可以更换企业或培训机构，从而分别取得不同的认证。学习者可以在适合自己的时间和地点、以适合自己的方式展开学习。

3. 学徒制的认证遵循 APL 原则

对先前学习的认可（APL）被广泛运用到学徒制的各种资格认定中，它意味着学徒所有相关的工作和学习经验都可以被认可，从而鼓励学习者的学习热情，也为学习型社会的构建打造了良好的制度环境。

第三节　澳大利亚学徒制

澳大利亚传统学徒制是在英国职业教育培训模式的影响下形成的，经过不断变革调整形成颇具特色的教育体系。澳大利亚学徒制不仅拥有深远的影响，还有着长远的发展历程，在职业教育培训的不断实践中逐步形成自己的特征，在澳大利亚及国际上其他国家学徒制的持续稳定发展中起到了至关重要的作用[3]。

一、澳大利亚学徒制的演变

（一）产生和初步发展时期

澳大利亚学徒制最早开始于澳大利亚当地民族，人们经过口传心授的方式交流经验和能力。18 世纪，英国人建立新南威尔士殖民地后，澳大利亚开始学习效仿英国的学徒制模式，由早期的移民把各自带来的技能结合起来用于生产，并在工作中展开师傅对学徒的技能培训。1894 年，澳大利亚制定了《1894 年新南威尔士学徒法案》，确立了州在学徒制系统各个方面的监管。1901 年，澳大利亚成立了澳大利亚联邦，制定了修订案《1901 年新南威尔士学徒法案》，规定学徒年龄由最低 12 岁改为不得低于 14 岁，标志着其职业培训模式从效仿、学习渐渐进入创新阶段。

（二）快速发展时期

第二次世界大战结束初期，澳大利亚经济经历了快速发展阶段。1954 年，由学徒制调查委员会发表的《Wright 报告》是首个具有重大意义的国家级有关推行学徒制的政策，报告建议各州与学徒契约制相关的法律法规能够得到统一。随后在发表的《1959 年产业培训报告》中，澳大利亚产业发展委会提出了过百项的改革意见。

（三）政府资助时期

1973 年 1 月，澳大利亚联邦政府提出给学徒财政帮扶的“学徒制国家支持计划”，这是联邦政府第一次在财政上为学徒、雇主和学徒培训工作给予支持，以此来提高学徒的被雇佣率。为了抵消雇主给学徒提供的技术学院培训等其他被认为是脱产培训产生的成本，以及给雇主资助，联邦政府推出了全日制学徒培训联邦补助计划。

（四）受训生制发展时期

20 世纪 80 年代，澳大利亚遭遇了严重的失业危机，而且很多人进入劳动力市场却没有任何职业技能。1984 年的《Kirby 报告》中提出建立国家受训生制度，这是一种类似于学徒制的制度，同时此制度也是劳动者进入初级劳动力市场的快捷方式。为了扩大行业培训的范围、拓宽学徒体系的进入途径，澳大利亚学徒制体系在受训生制建立发展的影响下有了很多变化。受训生制的确立是澳大利亚学徒制发展的关键，也对学徒体系培训产生了很大影响，使培训的行业范围得到扩大，进入学徒体系的途径得到改善。

（五）职业培训完善时期

20 世纪后期，澳大利亚加大了对雇员能力本位的培训，继续对学徒制进行改革。能力本位培训的关键在于从行业的实际需求入手，确立在企业岗位任职时应当具备的能力，从而制定教学目标、合理安排课程、开展培训内容，还需对目标能力的达成效果进行考核，重视将能力当作培训的关键，并非将学历教育作为培训重点，同时重视建立科学严谨的管理方式、灵活的培训模式。

（六）澳大利亚现代学徒制的产生

澳大利亚现代学徒制是政府在应对青年人就业困难、失业人数较多时所形成的一种教育模式，一方面解决了教育和就业之间的矛盾，另一方面也很好地解决了社会转型对于人才需求的燃眉之急。它不仅汲取了以往模式的主要思想，又符合现代化、经济全球化、社会多元化等多方面的要求。澳大利亚现代学徒制在 1998 年真正实施，且渐渐替代了传统学徒制的培训模式。

二、澳大利亚学徒制变革的特征

（一）以法律法规保障落实

为了确保学徒制有效落实，澳大利亚政府层面陆续出台了相关的法律法规对其加以约束和规范，诸如《职业教育法》《高等教育法》《职业培训法》等具有法律效力的政策。同时因为澳大利亚学徒制的管理特征是联邦政府分级管理，澳大利亚各州和领地会根据地区政治经济文化发展特色、发展需求，相对应地出台一些地方性法规，以保障学徒成员和受训生的培训活动得以顺利进行，从而推动了学徒制的进一步发展。

（二）以联邦政府为实施主体

澳大利亚学徒制的实施主体主要是联邦政府，辅以企业力量的推动。联邦政府在学徒制改革进程中，对于改革重点、方向和期望的确定，相关制度的颁布，相关法规的推行，资金的投入以及鼓励机制的实行都起到了重要作用。

（三）政府提供政策及资金支持

澳大利亚政府为学徒制发展提供了政策和资金方面的支持，在应对全球经济模式更替阶段的经济低迷和人口骤减导致的学徒数量减少的问题时，澳大利亚采取了针对企业和学徒的补贴政策，力图实现补贴形式多元化和企业、学徒数量供求均衡，再辅以完善的学徒补贴管理体系，从而为学徒制的高效实行提供有力保障。

（四）以市场需求和经济发展为导向

社会经济背景、文化环境变幻莫测，但得益于学徒制自身适应社会环境和学徒个人适时做出应对的双重作用，澳大利亚学徒制才得以逐渐趋于完善，渗透到各个行业，不论是体力劳动者还是技师、工人，都与学徒培训息息相关。为了提升澳大利亚学徒制培训体系与其劳动力市场发展架构的适应度，澳大利亚学徒培训体系经历了从重点发展部分行业的模式到全面发展传统及新兴行业的模式的转变。

（五）培训方式和培训对象范围灵活

为了能够完全体现培训方式的机动性，澳大利亚建立了双元体系。学徒的培训活动可同时在企业和职业院校进行，其中企业培训是学徒培训的重要组成部分，职业院校的教育目的是为了补充学徒在工作场所所学职业知识和技能的不足，通过培训增加他们的专业理论和基础知识。

第二章　国外学徒制师徒关系的演变

在学徒制发展与传承的过程中，师傅与徒弟始终是学徒制中的重要角色，师徒关系对学徒制的发展至关重要。师徒关系经历了一系列演变，从前学徒制时期师徒关系的形成，到行会学徒制时期师徒关系的契约化，再到近代学徒制时期师徒关系的异化，最后演变为现代学徒制中师徒关系的多样化。纵观发达国家职业教育学徒制中师徒关系的发展，能够为我国现代学徒制师徒关系的构建提供有益的启示和借鉴[4]。

第一节　前学徒制时期师徒关系的形成

学徒制的历史源远流长，最早的源头可以追溯到人类进入有史社会以来。在阶级社会，教育受到阶级关系的影响，同时教育也与生产力水平息息相关。人类进入有史时代，经历了漫长的经济水平低下、生产技术发展缓慢时期，这个时期的职业形式主要以农业和手工业为主，对劳动者的生产技能没有过高的要求。这个时代还未存在具有实质意义的教育形式，对于生产劳动的学习都是在家庭内部完成的。另外，手工业未受到重视，手工艺劳动只能在家庭内部进行，形成了父子相传的技艺传承方式。

一、前学徒制时期师徒关系的演变

（一）家庭范围内的技艺传承

从人类掌握简单的生活技能以来，父母就有意识地传授给下一代基本的有关道德、社交以及生活技能的知识，这个有意识的传授与学习的过程，被认为是学徒制最原始的形态。在前学徒制时期，父母是师傅角色的雏形，如父亲教儿子谋生之道，母亲教女儿管理家政。由于当时的职业基本上是代代相传，学徒的教育在家庭中就能够完成，教育活动在家里、田园和家庭作坊中即可进行。

这种在家庭范围内进行的最简单的技能传授形式，包含了学徒制的核心要素，即师傅、学徒以及工作场所。

（二）扩大化的技艺教育

随着农业生产水平的逐步提高，手工业逐渐从农业中分离出来，尤其是从青铜器时代开始，随着生产力的提高，社会上出现越来越多不同种类的职业。因此，对于不同职业的人才需求也越来越广泛，导致仅仅依靠家庭范围内传承技能的方式不能够满足社会对各行各业人才的需要。这些手工艺人开始走出家庭的局限，招收社会上的养子作为学徒，并传授他们技能。在这个基础上，学徒制从家庭范围内开始扩大，拥有一技之长的长者不仅教授自己的子女学习，同时他们也开始把技艺传授给其他人。

手工业的发展是推动师徒关系发展的一大因素，师傅角色从父亲跨越到了养父，师徒关系也跨越单纯的血缘关系，而呈现出家族纽带辐散式的师徒关系。这个阶段的技艺传承虽然已经从血缘范围扩大到了社会，但养父子的关系依然体现出浓厚的私人性质。

二、前学徒制时期师徒关系表征

（一）以血缘关系为基础，师徒关系宗法性浓厚

前学徒制时期的师徒关系最基本的特征是以血缘关系为纽带，师徒关系是建立在父子关系之中的。

在生产方式较为落后的封建社会，一项手工业生产技艺的获得往往需要经过几代人的摸索与积累，一旦这些手工技艺被熟练掌握，便成为手工艺人乃至整个家族谋生的手段，因而很少外传。师傅将毕生所习得的技能经验毫无保留地传授给学徒，以保证技能的有效传承，并为学徒今后谋生做准备。这一时期师徒关系的管理和维护主要依赖于宗族，通过宗法家族的制度来规范师徒的技能传承。学徒培训没有明确的学习年限规定，也没有对师傅与学徒的资格以及培训方法等做出具体的规定，学徒培训缺乏外在监督。师傅作为父亲或养父，有权决定孩子的技艺操作方向，让学徒终生继承自己的事业，并代代相传，这种等级秩序也是维系师徒关系的强大力量。

（二）不成文法约束，师徒关系初现契约性

师徒之间存在明显的生活依附关系，学徒在跟随师傅学习技能的同时，还要承担起照顾师傅及其家庭生活杂事的责任，在伦理道德上学徒要严格遵守师傅的规定与要求，不得违背师傅的要求，否则将受到惩罚。另外，师傅除了向徒弟传授技能以外，也要负责学徒的生活起居，并且要教导学徒社会道德规范等。师徒之间的权责关系已开始受到私人合同性质的不成文法约束，师傅角色也被得到认可，师傅多以学徒的亲生父亲或者养父的角色呈现，既承担着教育学徒的职责，又兼有学徒的养护义务。

（三）以情感为纽带，师徒关系稳固

无论是父亲还是养父，作为前学徒制中的师傅角色，师傅对学徒来说不仅仅是技能的传授者，更是生活经验的指导者，父子以及养父子之间都存在着难以忽略的亲情因素，师徒关系实际上类似于一种父子关系。师傅是生活中的长者和亲人，对学徒是关心和爱护的，学徒对师傅则是绝对尊重的，师徒之间感情极其深厚。即使学徒掌握了师傅的所有技能，达到了师傅所具有的水平，这种师徒关系也不会受到影响。师傅作为父亲或者养父的角色，有长辈的权威，这样的情感依托能够维持师徒关系不受学徒出师的影响，从而保持长期稳固的师徒关系。

第二节　行会学徒制时期师徒关系的契约化

到了中世纪时期，生产力得到快速的发展，剩余产品的增加使人们的劳动扩展到商业和手工业。随着城市经济的发展，城市手工业规模逐渐扩大，手工业者在发展过程中，为了维护自身的利益纷纷建立起自己的组织，行会制度由此产生。

手工行业为了扩大生产，获取更多的报酬，开始招收学徒进行生产劳动，并对他们进行生产劳动培训。行会的建立以及对学徒的管理，使得学徒制真正上升到制度的形态，学徒制从私人性质过渡到公共性质，具有一定的规范性。

一、行会学徒制时期师徒关系的演变

（一）由私人性转向公共性，宗法关系渐弱

在前学徒制中，师徒之间往往是父子或者养父子的形式，招收的徒弟往往是通过熟悉的家庭手工艺从事者，师徒关系私人性质浓厚且关系亲密。行会制度的建立使得师徒之间呈现出不同的态势，对于徒弟入行会的资格和师傅的选拔都有了相当明确的规范，师傅不能随意招收徒弟。这些对于学徒成员的规定，使得前学徒制时期宗法性浓厚、完全在家庭范围内体现的师徒关系转变成了公共性质的师徒关系，师傅和徒弟之间开始初显雇佣劳动的色彩。

（二）权责规范更加明确，师徒之间等级明显

行会制度的建立以及行会对学徒制多方面的监督和管理，使得师徒之间的权责规范更加明确。行会对师傅的教学内容、教学方法等都做出了相关规定，师傅有义务教授学徒技艺和道德等各方面内容，也有权利对不遵循师傅规矩的学徒进行惩罚。徒弟需要给师傅支付一定的学费，可以住在师傅家里。师徒之间以书面的形式正式签订契约，契约一式三份，行会、师傅、学徒三方各持一份。虽然契约在很大程度上保障了徒弟的权责，但是师徒之间仍然存在明显的等级秩序。师傅有绝对的权威，学徒为了从师傅那里学到技艺必须绝对服从师傅的命令，很少有反抗师傅的情况存在，如果学徒不遵从师傅的命令，师傅甚至可以对学徒做出惩罚。

（三）以契约为纽带，师徒关系更规范

行会学徒制中签订契约来维护师徒关系是一大进步，师徒之间的契约内容是由师徒双方商量制订的，在契约签订前可以对契约内容有相应的修改，但是当契约签订生效后不得再做修改，必须严格执行契约内容。行会学徒制中的师徒虽然存在等级关系，但是师徒之间对于契约的签订可以有商量的余地，这在很大程度上体现了相对的平等性，师徒关系相对亲密，师徒之间不存在利益的冲突。同时以契约关系为纽带的师徒关系体现了西方社会在中世纪时期就有深厚的法理观念。总结而言，这一时期的师徒关系是基于契约规定的分工合作关系。

二、行会学徒制师徒关系规范

中世纪行会对学徒制进行了制度化的管理，对行会成员的身份等级也做了严格的限定。学徒制度也是一种等级制度，主要体现在行会内成员地位的等级差异上。行会中等级最低的是学徒，最高的是师傅，学徒在向师傅学习期限满后，可以晋升为工匠，但需要由师傅向行会提出申请，行会审查通过才可以由学徒正式转为工匠。由学徒到工匠、再到师傅的晋升制度，行会对此都做了相应的规定。具体的行会学徒制规范有如下几个方面。

（一）以契约规定师徒的权利义务

行会以契约形式规定了师徒双方的权利义务，因此，行会学徒制也被认为是契约式学徒制。行会在契约内容中明文规定了担任师傅的条件、师傅教学的内容及任务、学徒学习的年限、学徒能够出师的要求等等。虽然学徒可能还是生活在师傅家庭中的成员，但并不存在亲缘关系。这种契约形式很大程度上体现了当时封建文化的色彩，师傅教授学徒技艺的前提是学徒服从师傅的指令并完成师傅的工作，而学徒对师傅言听计从是为了能够从师傅那里学到精湛的技艺。

（二）制定学徒准入的规定

早期学徒的来源主要是师傅的养子、失去父母的孤儿、家境贫苦的农民、农奴等，从 14 世纪左右开始，行会学徒制对学徒准入设定了各项规定，成为学徒的条件十分严格。首先，学徒性别上必须是男性；其次，对学徒的年龄也有规定，学徒必须是青年；再次，学徒的身体素质也是能否被行会招收的考虑因素，健康与良好的体力是关键因素；最后，学徒必须是城市自由民。此外，也有行会规定学徒不能和师傅有直系血缘关系。

（三）规范师傅资格与职能

需要具备一定的条件才能够担任师傅。首先，在身份上，行会规定师傅必须是生活在城市的公民；其次，师傅要有高超的被行会认可的技艺并通过行会的考核和认可，一般是从学徒到工匠再晋升为师傅。当学徒的学习期满后，需要通过满徒考试，考试合格的学徒可以获得从事手工业的资格，想要进一步晋升，则需要再通过几年的时间历练，学徒在这期间被称为工匠或者帮工。工匠期间的学习经历是学徒成为师傅必不可少的，在这期间工匠不仅完善了自己的知识和技术，而且行会师傅给工匠的工资报酬可以为其成为师傅做资金积累。如果工匠在继续学艺的过程中遵守规定并完成一件被行会和师傅认可的精湛完美的作品，便有资格独立从事手工业并招收学徒。

（四）师傅带学徒人数的规定

手工业行会建立的初衷是为了防止过度的竞争导致生产过剩，因此，行会组织对各个手工业者的生产规模有一定的限定，这体现在规定师傅带学徒的数量上。师傅带学徒的数量在不同的手工行业也有不同的规定。例如，最初英国行会限制刀匠师傅只能一次带一个学徒，纺织行业的织匠师傅、帽匠师傅和伦敦丝织行业的师傅则同时最多能带两个学徒，如果违反规定超额带徒的师傅则会被罚款。行会对师傅带学徒数量的规定，一方面控制了各手工业生产的规模，规避了不合理竞争，另一方面则是更好地保障了师傅带学徒的质量。

（五）教学的指导与监督

由于作坊规模比较小，师徒之间基本没有明确的分工，学徒与师傅一起工作的同时向师傅学习技能。师傅会把整个工艺的操作过程示范给学徒看，学徒进行观察学习。一些行会会对师傅教授学徒的内容做出规定，例如，伦敦钟表匠行会就规定，钟表匠行业的每个师傅都要按前辈的方法来教授学徒，学徒必须每天都待在作坊里，而且对于教授的内容也进行了详细规定。也有一些行会没有直接规定师傅应该教授的内容，但会依据一定的方式检查师傅的教学进度和内容。行会对于教学的指导与监督，使得师傅在教授技能的过程中有约束，保障学徒能够学到技艺的同时，也保证了他们学习的质量。

（六）制定学徒考核规定

行会对于学徒的学习年限有规定，一般在五到七年。起初满徒的要求只要师傅认可，即师傅认为学徒能单独从事所学的手工业便能够出师成为工匠。但随着行会制度的规范化，行会普遍认为应该有明确的方式证明该学徒能够从事该手工业，因此，并不是完成学习年限的学徒就能够直接晋升为工匠。工匠的晋升除了满徒期还要经过满徒考试，考试合格的学徒才能晋升为工匠。通过严格的学徒考核规定，行会保障了学徒满徒出师的质量，保证了手工业行会生产出来的产品是优质的，使得该行会能够在手工业中享有良好的声誉，体现了行会对手工艺产品精益求精的工匠精神。

第三节　近代学徒制时期师徒关系的异化

中世纪的行会学徒制是学徒制发展的兴盛时期，16 世纪以来，随着行会制的崩溃，行会学徒制逐步衰落。近代学徒制主要指的是 16~18 世纪的国家立法学徒制和工业革命后的集体商议学徒制，以国家干预取代行会契约是近代学徒制的共同特征。

一、师徒之间转化为雇佣劳动关系

近代时期的资本主义萌芽使得师傅不再专注于技艺的传承，而是热衷于争夺资本，师傅不再是单纯的技艺教授者，而是兼有资本积累者和劳动力雇佣者的身份。由于手工业行会向手工工场的转变，师傅彻底成为雇主，师傅招收的学徒是作为手工工场劳工的身份存在的，师徒关系已经彻底转化为雇佣劳动关系。师傅并不参与生产的全过程，师傅利用学徒制的形式招收学徒，实际上是把学徒当作廉价劳动力，对学徒的指导和技能传授较少。虽然国家立法对学徒制在教学义务、教学要求等方面进行了规定，使得师傅重新承担起技艺传授的义务，师徒关系得到了一定程度的缓和，但是依然不可避免雇佣劳动关系。

二、师徒之间存在对立和竞争关系

由于工业革命引发生产方式的变革，资本主义生产方式下的劳资关系使得师徒关系异化。传统意义上负责技能传授的师傅已经转变成商人或资本家，师傅是把招收的学徒作为廉价劳动力，这在一定程度上使原本存在一定情感的师徒关系异化为雇佣和对立关系，师徒间相互尊重的关系也部分转向经济利益关系。近代学徒制中原本“劳工—学徒—工匠—师傅”的等级秩序演变成手工工场中“劳工—半熟练工—熟练工—领班”的层级。这一时期的师徒是作为工作伙伴与竞争者存在的，师徒关系是以同事的分工协作体现的。充当师傅角色的领班或熟练工，他们其实并没有义务去教授指导学徒技能。一方面，教授学徒技能会占用他们的生产时间，导致收入减少；另一方面，学徒学会并熟练掌握技能后，可能会成为他们的竞争对手，因此，师傅往往不愿意用心传授技能。

三、师徒关系自由散漫、缺乏约束

在集体商议学徒制时期，学徒制中师傅和徒弟的权利义务都没有明确的法律规定，也不再对学徒准入、学徒期限和带徒人数等做出规定，师傅和学徒的行为不再受行会契约或者国家法令的监督，只是师傅与学徒做出口头约定或签订私人协议,呈现出自由散漫的状态。又由于师徒间雇佣关系和竞争关系的存在，师徒之间的亲密关系和融洽程度也有所削弱。至此，学徒制中师徒关系发生了根本性的转变，学徒制中感情深厚的师徒关系逐渐丧失。

第四节　现代学徒制中师徒关系的多样化

现代学徒制是将传统的学徒培训教育与现代职业学校教育紧密结合，是企业与职业院校合作的职业教育制度，通过学校、企业的深度合作，教师、师傅的联合传授，实现校企合作、工学结合的人才培养模式。在现代学徒制中，学生具有双重身份，他们不仅是职业院校的学生，也是企业的学徒。现代学徒制中职业院校学生的学习地点除了学校，还包括企业，学生需要进入企业进行一系列的实践操作和技术技能学习。

一、师徒关系平等，教学相长

在传统学徒制中，师徒关系等级明显，师傅地位凌驾于学徒之上。随着社会经济的发展，传统学徒制因不能适应现代化生产的需求而逐渐淘汰，师徒关系也随着时代发展发生了变化。现代学徒制的现代性优势，改变了以往等级尊卑的师徒关系，形成了师徒之间人格平等的关系。师傅不再享有绝对的权威，不得随意惩罚学徒，而是把学徒看作与自己一样享受尊严和权力的人。师傅不再是唯一的知识和技能传授者，也不再是技能的垄断者。在平等的师徒关系中，师傅与学徒相互学习，共同促进。

二、师徒情感纽带缺失，关系淡化

在传统学徒制中，师生关系建立在血缘关系的基础上，师徒之间存在着情感纽带，师徒关系亲密而稳固。现代学徒制中虽然有法律制度保障师徒各自的权利，但是情感却在这种制度下逐渐淡化。在传统学徒制中，师傅带学徒的数量较少，而且技能培训所需要的时间较长，能够建立起较深厚的师徒情感。而在现代学徒制中，学徒培训的时间较短，学徒会根据不同的学习内容跟随不同的师傅学习，而师傅也会同时带好几个学徒，师徒之间频繁的人员变动使得师傅与学徒之间没有机会长期相处，不能够维持特别亲密的师徒关系，师徒之间情感相对淡化。另外，在现代学徒制体系中，企业和职业院校注重的是职业能力，这使得企业和职业学校在评价师傅和学徒时重点关注职业知识和能力的培训成效，较少关注师徒关系的建立与维持等人文因素，由此师徒情感相对淡漠。

三、以教育义务为纽带，师徒关系多元化

现代学徒制是企业与职业院校共同实施的教学模式，从德国双元制开始，这种学徒制就带有浓厚的职业教育色彩。作为职业教育，师傅与学徒不可避免地有着教育与被教育的义务，这种义务是带有制度性的不可推卸的责任。学徒不仅是企业的学徒，也是职业学校的学生，此时的师徒关系就涉及企业中的师徒关系和学校的师徒关系。学校教师负责学徒理论知识的传授以及人文道德的培育，同时也教授一定的技能；企业师傅则是在具体的工作情境之中教授学徒技能的操作。学徒在企业和学校呈现教育义务下的双重身份，面对不同身份下的双重师徒关系。

第三章　我国学徒制的发展

学徒制被认为是职业教育的最早形态，在我国职业教育发展历史过程中占有重要地位。我国学徒制经历了前学徒制、手工业学徒制、行会学徒制、学徒培训以及现代学徒制五个阶段。

第一节　我国学徒制的历史演变

一、原始社会：前学徒制

原始社会的职业教育是基于职业和生产劳动的需要传授生产劳动知识和技能，其内容可以概括为传授基本的原始工作技艺、动物驯养经验以及原始的自然科学知识。这一时期的职业教育仅仅是一种自发的生活技能传授方式，并且具有浓厚的私人性质，有学者把这种状态称为以父子及养父子关系为基础的前学徒制[5]。具体呈现以下两方面特征。

第一，以亲子或养子的家庭关系为基础。学徒是师傅的亲生儿子，或者是师傅的养子，无论哪种情况，师徒之间仍保持亲密的家庭关系，师徒关系融洽。

第二，仅仅停留于“生存式”家庭内部的技能传授。由于当时社会生产力低下，职业分化程度很低，一些家传技艺不轻易向外人泄漏，甚至在家族内部也采用嫡长一线单传的方式，不少职业执行的是严格的世袭制度。

二、明清以前：手工业学徒制

进入封建社会，社会经济开始转向以农业、手工业为主体，职业教育内容也随之围绕农业、手工业生产的发展需要而进行。职业技艺传授、教育有了长足进步，我国古代的学徒制得到进一步发展。在封建社会，学徒制的发展较原始社会和奴隶社会有了较快的发展，并呈现以下三个特点。

第一，技艺传授贯穿全程。教育内容涵盖工作的每一工序、每一环节，以使学徒全面掌握一项工作。这样培养出来的工匠不仅对自己的职业，甚至对整个行业都有全面了解，充分保证了工匠教育的专业水平。

第二，以技能为中心。古代的技术理论较少，因而不可能、也没有必要进行独立的理论教学。但师傅并不仅仅让徒弟机械地重复操作，也非常重视技术经验和行业规范。师傅是在自己演示、徒弟操作的过程中传授技术经验，通过具体实例说明行业规范。

第三，亲密的师徒关系。学徒制早期都是父子相传，然后过渡到师傅收养子做徒弟，最后才扩大到一般的师徒关系。这样就保留着父子般的亲密关系。这种关系不仅具有私人性质，也是一种社会关系。

三、明清时期：行会学徒制

明代中叶以后，资本主义萌芽在江南各地开始陆续出现，纺织、丝绸织造等商品性经济空前活跃。明清时期我国出现了既受官府和客商制约，又有力量同官府和客商抗衡的以维护自身利益为目的的组织——行会。行会的产生催生了行会学徒制，没有学徒经历的人便没有经营工商业的资格。这一时期的学徒制相对以往社会阶段有了飞跃性的发展变革，表现出以下三个新的特点。

首先，学徒有期限。行会对学徒的学习期限有着相应的规定，并且不同行业有不同要求。据20世纪初期美国学者伯尔札斯在北京行会的调查报告中记载，当时北京城十六个手工业行会中，三年满师的有三个，三年三个月的有十个，四年、六年、七年的各有一个。

其次，复杂的出徒考核。学徒出徒意味着学徒生涯结束，开始进入执掌事务的行列。要达此目标，不仅要有良好的职业技能，还需经过种种业务实践和道德考验。经过种种能力与道德考验之后，才能最终确认学徒是否过关，也才能使学徒上升到高一级层次，从而真正结束学徒生涯。否则，学徒就永远是个小伙计角色，甚至被辞退出号[6]。

第三，徒弟与师傅的关系开始出现微妙的变化，甚至出现了对立。家庭小作坊向以手工劳动和分工协作为基础的手工工场过渡。这给学徒制带来的影响有两方面。一方面，师徒间原本亲密的私人关系转化成有利益冲突的雇佣关系，越来越多的师傅在招收学徒时，只是把他们当成廉价劳动力；另一方面，学徒制的教学过程和教学功能被弱化。

四、新中国成立初期：学徒培训

新中国成立后，我国对学徒制进行了全面的改造，去除学徒制中的剥削成分，保障学徒的基本权力，同时，“学徒制”的称呼也不再使用，取而代之的是“学徒培训”。

在古代传统学徒制的基础上，我国职业教育系统普遍采取徒工培训形式的学徒制度，即由企业招收青年进厂（店），直接在生产（经营）过程中采取以师带徒的方法培养工人的一种制度。新中国成立初期的技术工人，大多数是通过这种形式培训出来的。

1992 年，劳动部颁发了《贯彻〈国务院关于大力发展职业技术教育的决定〉的通知》，通知指出，要改革学徒 培训，将招收学徒工逐步改为招收定向培训生，在企业进行操作训练，在职业技术学校、就业训练中心等培训机构进行专业技术理论学习和基本功训练。至此，我国正式的“学徒培训”才逐渐显现出西方现代学徒制的基本特性。但是，如今只有很少企业还在继续提供学徒培训。

五、现代学徒制

教育属于上层建筑，教育适应经济基础的重要方面就是要用学校教育制度以批量教育或批量培训的方法来培养学生、传授技能。学校教育制度的基本特征：一是以班级为教学基本形式；二是有专门的教师开展课堂教学；三是有专门的管理人员开展如制订教学计划等管理工作。

学校教育制度在批量培养技能人才上的高效率使传统学徒制相形见绌。学校教育日益成为社会教育主导形式，在此背景下，传统学徒制的日渐式微也就不可避免。然而，第二次世界大战后，德国的迅速崛起使各国进行反思，不约而同地将目光聚焦于德国双元制的职业教育制度。传统学徒制再次进入人们的视野并得到新的评价：只要结合现代经济、文化和社会的新要求，在制度上对传统学徒制的弊端进行规避和改造，建立一种新型的学徒制度，就可以符合现代的需要。于是，学徒制重新获得了生命力，只不过已不是传统的学徒制，而是建立起融合了传统学徒制和现代学校制优点的新型职业教育制度——现代学徒制。学校教育制度以及班级教学的基本教学组织形式仍然保留，用以传授文化和专业理论，而技能的操作训练由企业负责。

我国现代学徒制是中华人民共和国教育部于2014年提出的一项旨在深化产教融合、校企合作，进一步完善校企合作育人机制，创新技术技能人才培养的现代人才培养模式。该模式通过学校、企业深度合作，教师、师傅联合传授，主要培养学生的技术技能。与普通大专班和以往的订单班、冠名班的人才培养模式不同，现代学徒制更加注重技能的传承，由校企共同主导人才培养，设立规范化的企业课程标准、考核方案等，体现了校企合作的深度融合。现代学徒制有利于促进行业、企业参与职业教育人才培养全过程，实现专业设置与产业需求对接、课程内容与职业标准对接、教学过程与生产过程对接、毕业证书与职业资格证书对接以及职业教育与终身学习对接，从而提高人才培养质量和针对性。

可以看出，现代学徒制是一种融合了传统学徒制度和学校教育制度优点的新型职业教育制度。其基本特征如下[7]。

（1）技术技能人才的培养由学校和企业双方共同完成，学校主要负责文化基础和专业理论教育，以满足学生作为公民的全面发展需要；企业主要负责现场的操作实训，企业一方须明确师徒关系，我国一些试点单位的叫法是由企业指定有关技工作为学生的技能导师。

（2）学校制度的班级教学和企业师傅一对一或一对几的师徒教育并存。

（3）技能教育不再是家族或行业行为，而是政府行为，纳入国家战略，由政府统一规划并统一组织规范实施。

（4）就业始终是强有力的导向，也是政府的目标，学生同时有学徒身份，在办理学校入学手续的同时与企业签订用工合同。

第二节　我国现代学徒制的推进

建立现代学徒制是职业教育主动服务当前经济社会发展要求，推动职业教育体系和劳动就业体系互动发展，打通和拓宽技术技能人才培养和成长通道，推进现代职业教育体系建设的战略选择；是深化产教融合、校企合作，推进工学结合、知行合一的有效途径；是全面实施素质教育，把提高职业技能和培养职业精神高度融合，培养学生社会责任感、创新精神、实践能力的重要举措。国家高度重视现代学徒制的试点和推进工作，于2014年提出后发展迅速，历经了部分试点和全面推进两个阶段。

一、加快现代学徒制试点

（一）试点安排

1. 国家大力倡导推进

2014年2月26日，国务院常务会议确定了加快发展现代职业教育的任务措施，提出“开展校企联合招生、联合培养的现代学徒制试点”。《现代职业教育体系建设规划（2014—2020）》中提出“在有条件的企业试行职业院校和企业联合招生、联合培养的学徒制”。《国务院关于加快发展现代职业教育的决定》，对“开展校企联合招生、联合培养的现代学徒制试点，完善支持政策，推进校企一体化育人”做出具体要求，标志现代学徒制已经成为国家人力资源开发的重要战略。

2. 教育部进行具体部署

2012年，教育部工作要点中提出开展现代学徒制试点；2013年，教育部工作要点中提出启动现代学徒制试点；2014年，教育部工作要点中提出全面推进现代学徒制试点；2015年，教育部工作要点中提出加快推进现代学徒制试点。

3. 启动三批现代学徒制试点

2014年8月，教育部印发《关于开展现代学徒制试点工作的意见》，制订了工作方案。

2015年7月24日，人力资源与社会保障部、财政部联合印发了《关于开展企业新型学徒制试点工作的通知》，对以企业为主导开展的学徒制进行了安排。

2015年8月5日，教育部遴选165个单位作为首批现代学徒制试点单位和行业试点牵头单位。

2017年8月23日，教育部确定第二批203个现代学徒制试点单位。

2018年8月1日，按照“自愿申报、省级推荐、部级评议”的工作程序，教育部确定第三批194个现代学徒制试点单位。

（二）试点要求

1. 指导思想

坚持服务发展、就业导向，以推进产教融合、适应需求、提高质量为目标，以创新招生制度、管理制度和人才培养模式为突破口，以形成校企分工合作、协同育人、共同发展的长效机制为着力点，以注重整体谋划、增强政策协调、鼓励基层首创为手段，通过试点、总结、完善、推广，形成具有中国特色的现代学徒制度。

2. 工作原则

（1）坚持政府统筹，协调推进。要充分发挥政府统筹协调作用，根据地方经济社会发展需求系统规划现代学徒制试点工作。把立德树人、促进人的全面发展作为试点工作的根本任务，统筹利用好政府、行业、企业、学校、科研机构等方面的资源，协调好教育、人力资源和社会保障、财政、国家发展和改革委员会等相关部门的关系，形成合力，共同研究解决试点工作中遇到的困难和问题。

（2）坚持合作共赢，职责共担。要坚持校企双主体育人、学校教师和企业师傅双导师教学，明确学徒的企业员工和职业院校学生双重身份，签好学生与企业、学校与企业两个合同，形成学校和企业联合招生、联合培养、一体化育人的长效机制，切实提高生产、服务一线劳动者的综合素质和人才培养的针对性，解决好合作企业招工难等问题。

（3）坚持因地制宜，分类指导。要根据不同地区行业、企业特点和人才培养要求，在招生与招工、学习与工作、教学与实践、学历证书与职业资格证书获取、资源建设与共享等方面因地制宜，积极探索切合实际的实现形式，形成特色。

（4）坚持系统设计，重点突破。要明确试点工作的目标和重点，系统设计人才培养方案、教学管理、考试评价、学生教育管理、招生与招工以及师资配备、保障措施等工作。以服务发展为宗旨，以促进就业为导向，深化体制机制改革，统筹发挥好政府和市场的作用，力争在关键环节和重点领域取得突破。

（三）试点任务

现代学徒制试点确定了四项重点任务。

1. 积极推进招生与招工一体化

招生与招工一体化是开展现代学徒制试点工作的基础。各地要积极开展“招生即招工、入校即入厂、校企联合培养”的现代学徒制试点，加强对中等和高等职业教育招生工作的统筹协调，扩大试点院校的招生自主权，推动试点院校根据合作企业需求，与合作企业共同研制招生与招工方案，扩大招生范围，改革考核方式、内容和录取办法，并将试点院校的相关招生计划纳入学校年度招生计划进行统一管理。

2. 深化工学结合人才培养模式改革

工学结合人才培养模式改革是现代学徒制试点的核心内容。各地要选择适合开展现代学徒制培养的专业，引导职业院校与合作企业根据技术技能人才成长规律和工作岗位的实际需要，共同研制人才培养方案、开发课程和教材、设计实施教学、组织考核评价、开展教学研究等。校企应签订合作协议，职业院校承担系统的专业知识学习和技能训练；企业通过师傅带徒形式，依据培养方案进行岗位技能训练，真正实现校企一体化育人。

3. 加强专兼结合师资队伍建设

校企共建师资队伍是现代学徒制试点工作的重要任务。现代学徒制的教学任务必须由学校教师和企业师傅共同承担，形成双导师制。各地要促进校企双方密切合作，打破现有教师编制和用工制度的束缚，探索建立教师流动编制或设立兼职教师岗位，加大学校与企业之间人员互聘共用、双向挂职锻炼、横向联合技术研发和专业建设的力度。合作企业要选拔优秀高技能人才担任师傅，明确师傅的责任和待遇，师傅承担的教学任务应纳入考核，并可享受带徒津贴。试点院校要将指导教师的企业实践和技术服务纳入教师考核并作为晋升专业技术职务的重要依据。

4. 形成与现代学徒制相适应的教学管理与运行机制

科学合理的教学管理与运行机制是现代学徒制试点工作的重要保障。各地要切实推动试点院校与合作企业根据现代学徒制的特点，共同建立教学运行与质量监控体系，共同加强过程管理。指导合作企业制订专门的学徒管理办法，保证学徒基本权益；根据教学需要，合理安排学徒岗位，分配工作任务。试点院校要根据学徒培养工学交替的特点，实行弹性学制或学分制，创新和完善教学管理与运行机制，探索全日制学历教育的多种实现形式。试点院校和合作企业共同实施考核评价，将学徒岗位工作任务完成情况纳入考核范围。

二、全面推行现代学徒制

2019 年 5 月 14 日，教育部办公厅印发《关于全面推进现代学徒制工作的通知》，要求各省市深入贯彻落实《国家职业教育改革实施方案》，总结现代学徒制试点经验，全面推广现代学徒制。

（一）目标要求

以习近平新时代中国特色社会主义思想为指导，全面贯彻党的教育方针，落实立德树人根本任务，深化产教融合、校企合作，健全德技并修、工学结合的育人机制和多方参与的质量评价机制，深入推进教师、教材、教法改革，总结现代学徒制试点成功经验和典型案例，在国家重大战略和区域支柱产业等相关专业，全面推广政府引导、行业参与、社会支持、企业和职业学校双主体育人的中国特色现代学徒制。

（二）工作重点

1. 招生招工一体化

校企共同制订和实施招生招工方案，规范招生录取和企业用工程序，推进招生招工同步、先招工后招生、先招生后招工等模式，明确学徒的企业员工和职业学校学生双重身份，保障学徒的合法权益。

2. 标准体系建设

按照专业设置与产业需求对接、课程内容与职业标准对接、教学过程与生产过程对接的要求，校企共同研制高水平的现代学徒制专业教学标准、课程标准、实训条件建设标准等相关标准，做好落地实施工作。在开展现代学徒制的专业率先实施“学历证书 + 若干职业技能等级证书”制度试点。

3. 双导师团队建设

推广学校教师和企业师傅共同承担教育教学任务的双导师制度，校企分别设立兼职教师岗位和学徒指导岗位，完善双导师选拔、培养、考核、激励等办法，加大学校与企业之间人员互聘共用、双向挂职锻炼、横向联合技术研发和专业建设的力度，打造专兼结合的双导师团队。

4. 教学资源建设

充分利用生产性实习实训基地、技能大师工作室、工程技术研究中心、协同创新中心等，发挥校企双方的场所、设备、人员优势，共同开发一批新型活页式、工作手册式教材并配套信息化资源，及时吸纳新技术、新工艺、新规范和典型生产案例，形成共建共享的教学资源体系。

5. 培养模式改革

坚持德技并修、工学结合、知行合一，按照企业生产和学徒工作生活实际，实施弹性学习时间和学分制管理，育训结合、工学交替、在岗培养，积极探索三天在企业、两天在学校的“3+2”培养模式，着力培养学生的专业精神、职业精神和工匠精神，提升学生的职业道德、职业技能和就业创业能力。

6. 管理机制建设

健全与现代学徒制相适应的教学管理与运行机制。校企协同制订现代学徒制专业人才培养方案，并由学校党委会审定。校企共同分担人才培养成本，完善教学运行与质量监控体系，规范人才培养全过程。

第三节　我国学徒制的价值体现

纵观我国学徒制的发展，从前学徒制到现代学徒制，虽然历经了如此多的变化，却能一直发展至今。回溯学徒制的历史，学徒制之所以能够在变革中延续其生命力，是因为它具有其他职业教育形式难以取代的特殊价值。

一、学徒制是职业教育历史的起点

（一）学徒制是古代与现代职业教育在内涵上最相吻合的历史活动[8]

随着时代变迁和社会进步，职业教育的内涵一直都在变化。尽管学界对现代职业教育内涵的表述依然没有统一的标准，但是，学徒制中的职业性和技术性仍然是现代职业教育的本质属性。“职业性并不排斥文化修养、人文道德，而是融人力、知识、技术、技艺、工作的任务与过程及行动、道德、价值、精神等于一体。”[9] 从学徒制、古代与现代职业教育价值的内涵上看，两者同样包括人的职业技能与操守的双重发展。

（二）学徒制是古代与现代职业教育制度安排最接近的制度设计

现代职业教育制度并不是凭空产生的，它是在继承了学徒制合理成分的基础上，通过制度移植和制度变迁等途径构建起来的。“认识职业教育现象，也必须放在历史中去理解……自然演进就是依据行为活动及其经验而形成的制度（学徒制），而理性构建则是人们有意识、有目的设计出来的制度模式（学校职业教育制度和现代学徒制）。”

（三）学徒制是古代与现代职业教育理论研究具有参照价值的历史实践

在正式的职业学校产生之前，言传身教的学徒制逐渐成为知识、技术、文化传承的主要形式，因此，学徒制被学界认为是最古老的职业教育形态，但它却拥有极其旺盛的生命力。在许多当代的西方发达国家，现代学徒制已经成为它们新的职业教育战略选择。同时，与西方现代学徒制颇为类似的“工学结合”，是我国现代职业教育改革的重要方向。

二、学徒制具有职业教育教学论价值

技术是职业教育的核心内容。支撑技术的理论知识是技术知识，技术知识是独立于科学知识的另一类知识体系，它由技术理论知识和技术实践知识组成。它具有事实知识与价值知识共存、陈述性知识与程序性知识兼备、理性知识与经验知识互补、显性知识与隐性知识皆有的特点。这些特点决定了技术的养成必然具有情境性和生成性。虽然学徒制的教学形态在历史演变中不断发生变化，但究其本质而言，始终有一些特征是不变的。正是这些特征满足了职业技术教育知识和技能传授的要求。

（一）做中学

学徒制的教学形态包含了职业教育最本真、最朴素的原则——做中学。在现代心理学中，虽然行为主义的习惯论和认知心理学派的闭环理论、图式理论对动作技能学习的理解不太相同，但有一点是相同的，即它们都认可技能是需要通过不断练习、反馈和矫正而习得的。在学徒制中，学徒边做边学，甚至先做后学，它是“做中学”的典型。大量的实践操作和反复操作，使学徒不仅“会”操作，而且能“熟练”操作。

（二）情境学习

情境学习理论产生于20世纪80年代,并在近几十年来成为学习理论的主流。它的产生缘于学者们对传统教学中学习者与情境以及知与行相分离的情况的批判，强调学习与认知本质上是情境性的，学习者是在情境中通过活动获得知识。学徒制朴素地表达了情境学习的一般原则。学徒在真实的工作情境中学习，所学的知识技能与应用之间的联系明显，他们更能理解学习的意义和价值，从而主动学习，并更有效率地习得相关知识和技能。

此外,情境学习的意义还特别明显地表现在“默会”知识以及态度的习得上。如果把一个职业所需要的职业素养看作是一座冰山，那些可言明的知识和技能只不过是冰山露在水面上的一角。大量难以明言的“默会”知识和技能便是水面以下的冰山，而态度更是工作绩效的重要保证。在学徒制中，学徒通过观察师傅及其他工作者的操作，耳濡目染，从而逐渐习得那些重要的“默会”知识和技能，同时养成某种职业所需要的工作态度。

（三）个别化教学

人类最早的职业教育（前学徒制）使用的是个别化教学方式。直到工业革命以后，班级授课制才走进历史。虽然班级授课制提高了人才培养的总体效率，然而,如同机器大工业的产品生产一样,班级授课制忽略了学生个体之间的差异，无法根据学习者个人的情况制订学习进度，进行专门化的指导。现代学习理论对班级授课制提出批评，并重新回归对个体的关注。其中，个别化学习理论就强调要以学习者为中心，根据学习者个人的情况，来制订学习计划，帮助个体进步。虽然早期的学徒制未必是以学习者为中心,但师徒之间一对一的亲密互动，为学徒的个别化学习提供了宽松的条件。个别化的教学使学徒可以得到较班级授课制更细致入微的指导。

三、学徒制具有职业教育跨界性价值

学徒制是指在职业活动中，通过师傅带徒的方式，使学徒获得职业技术和技能。因此，学徒制不仅仅是一种教学形态，更是一种劳动力与就业政策。从中世纪行会学徒制起，学徒制便将教学与行业企业活动紧密联系在一起，呈现职业教育的跨界性。

（一）行业企业决定培养目标规格

从培训标准来看，学徒制所规定的职业能力要求本身就是由行业制订的，不管哪种形态的学徒制，劳动力需求方（雇主、企业或行业）都是人才培养标准的主导者。换言之，劳动力需求方与人才培养标准制订方是同一的。因此，相对大多学校的职业教育而言，学徒制具有明显的需求导向特征，直接地体现了企业界对劳动力的素质要求。

（二）行业企业参与人才培养全过程

现代学徒制中企业界不仅主导人才培养的标准，还直接参与人才培养的过程。企业界普遍更认可学徒制这种“做中学”的培养培训方式，他们认为学校教育过于理论化，脱离实际需要。正如一些学者所总结的那样，学校职业教育有三个靠本身无法克服的缺陷：一是不管学校的教学内容如何先进，与生产、服务第一线所应用的最新知识、最新技术、最新工艺相比，总有距离；二是不管学校的实训设施如何先进，与生产、服务第一线最新生产设备相比，总有距离；三是不管学校的专业课师资如何“双师型”，与生产、服务第一线技术专家、操作能手相比，总有距离。因此，“为企业”“在企业”“由企业”开展的现代学徒制的培养培训质量更被企业所认可。

（三）成为学校教育到就业的桥梁

学徒制使得个体从教育到就业的过渡更为顺畅。在前工业社会，职业教育的唯一形式就是学徒制，它是培养工商业中产阶级的主要方式。学徒制与就业系统在很多部分是相互重叠的。从某种程度上说，当时的学徒制更是一种具有职业教育功能的劳动就业制度，学徒制是从教育到就业过渡的桥梁。到了工业社会，学校教育得到普及，学校的功能也从纯粹的学术教育转为普通教育与职业教育并行。由于学校的职业教育是一种与就业体系没有重叠的纯粹的教育制度，因此，如何从学校教育向就业系统过渡，现代学徒制便成为解决这一问题的优质方案。

第四章　基于社会学的我国学徒制师徒关系变迁

师徒制是一种以口传身授为主要形式的技能传授方式，从人类早期社会存在一直发展至今。师徒关系作为学徒制中重要一环，随学徒制发展而不断发生变化。从国内外研究现状来看，以往研究只注重师徒关系的表层特征，缺乏对其变迁特质和过程的系统研究。而对师徒关系的研究不应仅局限于关系研究，更应注重其对社会整体变迁的见证。师徒关系对于研究中国整体社会结构的变迁有着重大的理论意义和现实意义[10]。

第一节　结构功能主义

一、社会学的概念

社会学是一门分析各种社会现象，研究社会中人的行为、探究如何解决社会问题的学科。

从社会学的角度出发，不仅要分析某一单个行为，还要分析与之相关的其他众多方面，从大的背景和环境中去研究这一行为，分析众多的社会因子与这一行为的关系，将其作为一个整体去理解与分析。从社会学角度分析师徒关系的变迁，可以从新的角度去审视问题，不仅可以分析当前的问题和过去已发生事件的关联，还可以预测未来并厘清发展的方向等。

结构功能主义是指侧重对社会系统的制度性结构进行功能分析的社会学理论。该理论形成于第二次世界大战后，主要代表为美国的帕森斯、默顿等，由社会有机体论和早期功能主义发展而来，主张用功能分析方法认识和说明整个社会体系和社会制度之间的关系。该理论认为，社会生活之所以能维持下去，是因为社会找到了一种手段（结构）去满足人类的需要（功能），其中最重要的理论是社会均衡论。

在社会学及其相关学科中，社会结构是一个使用极为广泛但也极为混乱的概念。这不仅表现在人们可以用不同的词语，如社会系统、强制性合作伙伴、制度、整合和网络等，来表征社会结构，而且表现在同样是对社会结构一词进行诠释时,不同的学者也会有不同的侧重点。前一种大多散见于一些经典论述中，后一种则涉及结构功能主义、结构主义和后结构主义各理论流派的主要观点。

二、社会学初创期的理论

在自然主义和实证主义构成社会学初创期最深层的性格时，社会结构概念的建构基本依赖生物学的移植与嫁接。孔德、斯宾塞和涂尔干的有关论述，都直接反映了这种自然科学取向的认识方式。

其中，涂尔干将斯宾塞的社会结构观念发挥得更加彻底，这主要表现在他的三个基本假设上：一是社会是一个实体，是不可化约的；二是社会的各个部分可以满足社会实体的基本需求；三是功能需求是社会需求。同时，他还强调社会整体的优先位置——结构的自主存在问题。与其倡导的方法论一致，他指出社会事实并非个人意愿能左右，社会对个人具有制约性，人们的思想结构反映着社会结构的秩序，而且在反映的过程中加强和再现了这些秩序。涂尔干关于社会分工问题的研究对现代社会结构分析也影响极大。他把社会结构分成两种不同的类型。一种是以低度分工为基础，以强烈集体意识为纽带结成的社会关系整合形式，他称之为“机械团结”类型；另一种是以高度分工和广泛的相互依赖为基础构成的社会关系整合形式，属于“有机团结”类型。他认为，在有机团结类型中，人们会以更多分工的形式活动并归属于更多的团体。这将造成共同观念和情感的约束程度降低，社会整合的需求会自然引出新一轮的约束形式。在这里,涂尔干显然是把社会结构看作社会关系的组合形式,而且他认为,对社会结构的分析是理解一切社会现象的出发点。可以说，涂尔干率先开拓了结构分析的各个方面，当代社会结构概念的许多论证，常常仅是从不同的方面延续了涂尔干的见解。

三、马克思的结构式思路

与上述强调现象及其功能层次的生物学取向不同，在马克思的结构式思路中，更强调根源于物质的生活关系层次，亦即人们在自给的生活和社会生产关系中发生的、不以人的意志为转移的生产关系。“这些生产关系的总和构成社会的经济结构，即有法律的和政治的上层建筑竖立其上并有一定的社会意识形态与之相适应的现实基础。”这里包含三方面的思想：一是将“结构”看作“关系总和”，经济结构是生产关系的总和，社会整体结构则是人们的物质生活关系和精神生活关系的总和；二是把社会结构视为矛盾关系体，社会结构是经济基础和上层建筑构成的矛盾关系体，经济结构则是生产力和生产关系构成的矛盾关系体；三是社会结构变化的动力来源于社会内部的矛盾运动。在社会结构中起决定作用的是经济基础，而在经济结构中起决定作用的是生产力。显然，在马克思的结构式思路中，结构不仅可以指客观实体之间的关系，也可以指人为实体（如制度、意识形态、生产方式等）之间的逻辑关系。这就给社会结构的含义加进了一些抽象的内容。

第二节　社会关系促进师徒关系变迁

基于马克思的社会结构理论，可以分析出生产关系的变迁对传统师徒关系的进步有促进作用。

一、人身依附关系

由于原始社会生产力低下，职业分化程度很低，一些家传技艺不轻易向外人泄漏，仅仅停留于“生存式”的家庭内部技能传授。学徒制渗透着中国传统家族的伦理观，师徒关系呈现出亲密的、拟血缘化的色彩，传授内容也涉及生活技艺、学识、道德等多方面。这种学徒制使师徒之间存在人身依附关系，为师徒关系与义务的延续提供了社会伦理与文化基础，也成为中国传统社会中维系“师体”尊严的重要方式之一。

二、亲密师徒关系

晚清民国时期，师徒关系的特质体现在手工业领域，师徒相承、口传心授。但师傅并不仅仅让徒弟机械地重复操作，也非常重视技术经验和行业规范。

师傅是在自己演示、徒弟操作的过程中传授技术经验，通过具体实例说明行业规范。师徒关系从父子相传到师傅收养子作为徒弟，再到一般的师徒关系，这样难免保留着父子般的亲密关系。这种关系不仅具有私人性质，也是一种社会关系。

三、雇佣师徒关系

明代中叶以后，资本主义萌芽陆续出现，各行业的知识技能日益普及。同时，行会制度的兴盛也为师徒制揭开了新的篇章。这期间的师徒关系与劳资关系相结合，徒弟与师傅的关系开始出现微妙的变化，甚至出现了对立。家庭小作坊向以手工劳动和分工协作为基础的手工工场过渡。这给学徒制带来的影响有两方面：一方面,师徒间原本亲密的私人关系转化成了有利益冲突的雇佣关系，越来越多的师傅在招收学徒时，只是把他们当成廉价劳动力；另一方面，学徒制的教学过程和教学功能被弱化。

四、工厂制师徒关系

中华人民共和国成立后，我国全面布局建设工厂化工业体系，百废待兴，迫切需要一批技术工人。因此，对学徒制进行了全面的改造，去除学徒制中的剥削成分，保障学徒的基本权力，“学徒制”也用“学徒培训”替代。这种学徒培训式职业教育形式，师徒之间关系强调的是公民意识，公民意识的核心是强调社会个体的主体意识和个体的主体解放，主要表现在维护、争取自身的自由和权利以及对他人自由和权利的尊重与维护。

五、双导师团队建设

随着现代产业的不断发展，单纯的学校制度的职业教育无法满足行业企业的用人需求，国家提出大力推行现代学徒制。现代学徒制下的师徒关系发生了根本变化，形成了学校教师和企业师傅共同承担教育教学任务的双导师制度，校企分别设立兼职教师岗位和学徒指导岗位，完善双导师选拔、培养、考核、激励等办法，打造专兼结合的双导师团队。

第三节　新型师徒关系呈现新的社会关系

社会关系影响、限制着师徒关系的发展，反过来，师徒关系也将通过自身的发展来构建新的局部社会关系。

一、多方互动形塑师徒关系

从社会学角度看，师徒关系也随着历史发展的脉络在不同形式的师徒制下演变至今，主要经历了人身依附关系、亲密师徒关系、雇佣师徒关系、工厂制师徒关系以及双导师团队建设，从私人关系到社会关系、从依附关系到带有雇佣色彩的不平等契约化形式，直至近代劳工管理制度下的追求平等师徒关系的过渡，师徒关系逐渐迈向平等化、理想化。而随着相关政策及法律法规的介入，现代学徒制下的师徒关系逐步呈现出政府、企业和行业等多方监督的态势。并且，越来越多的利益相关者通过互动形塑了师徒制变迁，师徒关系的变迁本质上是社会建构的结果。

二、新型师徒关系是现代社会发展的必然

现代学徒制中的师徒关系不仅传承技艺，也传承价值观。当市场规则和契约秩序开始作为主导，旧规矩需要向现代规则让步，这既是时代的趋势，也是传统师徒制谋求发展的必然。研究表明，一家高科技公司里 1000 名员工参与师徒制 5 年后，获得升迁的比率是没有参与师徒制员工的 5 倍；而担任师傅的员工，获得升迁的比率是没有担任师傅的员工的 6 倍。产业结构调整、产业技术升级，不少企业逐渐意识到技术工人的可贵，一些企业甚至以高薪聘请技术工人。例如，三一重工公司全面推广师徒制，每名高级工以上的员工要带徒两名以上，并制订带徒计划；带徒成绩作为申报高一级职业资格或参加企业生产技术能手评审的条件之一。重视员工价值，重建师徒制的管理模式，成为提升企业实力的良方。

信息化社会、大工业化时代，需要现代师傅。真正高端的师徒传承，不限于具体的技能、诀窍，还包括思维方式、创新能力等精神层面的传承。这需要具有宽广的胸襟、开阔的视野、开放的思想、大国工匠精神，师徒间能够相互启发、激励，共同成长、进步，实现双赢。

第五章　传统师徒关系与新型师徒关系

师徒关系是一种身份关系，即一种伦理关系，是文化的延续，也是技能传承过程中形成的特殊关系，这种关系是人类文明传承和人类社会发展不可或缺的一部分。

第一节　现代学徒制与传统学徒制内涵对比

学徒制是职业教育最早的形态，直到现在，它仍然是职业教育的重要形式。现代学徒制和传统学徒制在育人主体、教学内容、教学方式、教学场所和评价方式等方面都存在差异。

一、育人主体由单一主体向双主体转变

传统学徒制是以企业（或作坊、工厂）作为单一育人主体传授知识技能，学徒的学习和生产是在生产现场、工作场所同时完成的。而现代学徒制是由企业和学校作为双主体共同参与育人，学生（学徒）的学习一部分在学校完成，另一部分在企业完成，通常学校更多地承担知识的传授，企业则承担技能的训练和培训。

二、教学内容由技能为主向素质、知识和能力相结合转变

传统学徒制下，学徒要完成的学习内容主要是易于观察的技术或技能以及潜移默化学习到的隐性知识，更加偏重操作能力方面的提升，较少涉及理论知识的学习。现代学徒制则将现代学校教育与传统学徒制的优势相结合，既需要实践技能的培养，也需要理论知识的提高，从而培养出具备扎实理论知识和熟练职业技能的综合型高素质人才。传统学徒掌握的只是企业生产过程中生产工序的某一个环节，不会参与整个生产流程，更不会参与产品的销售过程，因此，

要把工匠精神浸入现代学徒制的实施中去，让现代学徒在掌握专业技术技能的同时，了解产品的全部生产流程和销售过程，用心用情去追求精益求精。

三、教学方式由言传身教向学校教育与企业培养相结合转变

传统学徒制中，学徒跟着师傅学习手艺，徒弟的手艺源于师傅长期积累的经验，在某种意义上，这种知识属于隐性知识，它的传授依赖生产过程中师傅的言传身教，学徒的学习和成长过程都是在实践过程中得以实现，在做中学习，在做中感悟，在做中进步。

在现代学徒制中，企业已作为学徒培训体系的一个维度，参与到技术培训中。一方面，企业为学徒训练提供技术熟练的师傅，指导和监督学徒的技术训练；另一方面，企业要投入大量资金购买或维护足够先进的生产设备和实际训练所需的原材料供学徒实践学习所用。学徒的学习是企业的实训和课堂的学习有机结合，有明确的人才培养方案和教学目标，有既定的教学大纲和教材、科学的课程设计、具体的教学内容、完整的教学标准和评价体系，体现了现代职业教育的科学性、专业性和规范性。

四、教学场所由工作场所向学校与企业相结合转变

传统学徒制的工作场所即学习场所，学徒在工作场所中跟着师傅干活，通过自己观察、师傅传授，完成学习。现代学徒制的教学场所是学校与企业，学生在行业、企业参与下，在学校和工作场所两种不同场所交互学习不同的知识和技能。学校的学习是学生在国家规定的学制内，在学校这一专门组织机构中接受教育的模式；工作场所的学习是学生参与真实任务并在师傅直接或间接指导的活动中获得知识和技能的模式。现代学徒制实行交替式在职培训和脱产学习，分别在工作场所接受培训和在学校学习理论知识。

五、评价方式由单一评价向多元评价转变

传统学徒制对学徒的评价主要由师傅完成，师傅根据学徒的表现和学得的技能情况，确定是否可以“出徒”，学徒期满后，学徒必须接受行会的考核，考核通过，学徒可以成为工匠，反之，则只能是受雇者，评价标准是以掌握技能

的熟练程度来判断。现代学徒制的考核方式发生转变，由企业的师傅、学校的教师共同完成，有时还需要其他行业社会人员对学徒（学生）进行考核。现代师徒制通常以职业资格考试对培训成果进行检验，它要求经过一段时间培训后学徒（学生）必须通过相应的资格考试。职业资格证书是对培训结果的认可，保证了培训的完整性和实效性。

第二节　传统师徒关系与新型师徒关系比较

在学徒制中，师徒关系的发展和变化直接影响着教学质量的优劣和教学效率的高低。从传统学徒制到现代学徒制，师徒关系的发展历经波折，师徒关系逐渐现代化。

一、师徒关系结构不同

（一）伦理学角度比较

古代学徒制的师徒关系，是以“父传子”的方式延续，师徒的主要形式是家传的世袭制。随着手工业的发展，社会分工更加完善，各行业依托自身技术，自招学徒。师徒关系依赖于“生产效率和行会制度”的需要，逐步演变为雇佣关系，主要采用师傅带徒弟、口手传授、观察模仿的个别教学法，师徒关系以契约的形式维系，主要教育内容围绕技术的传承进行。学生需要学习的时间较长，学徒培养效率较低。

现代学徒制的师徒关系是通过师徒之间的指导和被指导，在模拟父子关系的基础上，以超越血缘关系的方式形成的一系列伦理道德规范。通过师傅和学徒构建的关系，使学徒在职业发展上受益匪浅，快速适应企业的工作环境。

（二）经济学角度比较

双元制是当时德国特定历史、文化、经济、社会条件下的产物，对培养重要技能人才、促进社会生产技术发展、提高社会创新力有着积极的推动作用，更是现代学徒制发展的开端。在双元制师徒关系中，学徒成为师傅的劳动力，师徒之间存在着经济利益。

现代学徒制是通过学校、企业的深度合作与教师、师傅的联合传授，对学生进行技能培养为主的现代人才培养模式，是产教融合的基本制度载体和有效实现形式，也是国际上职业教育发展的基本趋势和主导模式。

（三）社会学角度比较

师徒间的关系分为生活交往关系和生产互动关系，是技能传授过程中师傅与学徒形成的互动模式。师徒关系亲疏对技能传授的影响是有制度基础的。16~18 世纪，由于行业学徒制施行过程中雇主、师傅和学徒三者间的矛盾愈演愈烈，国家不得不出手干预管理学徒制，从而使师徒的言行受到严格、具体的法律制度约束。工业革命时期，随着大规模生产和经济发展，工厂对经过长期培训的学徒的需求量大幅减少，学校职业教育模式突起。企业和工人之间存在着多种不同的聘用关系，学徒变为工厂的工人，更成为工厂的廉价劳动力，由此，传统的学徒制演变为“工厂学徒制”。

现代学徒制将工作过程分割成模块教学，师傅在教授徒弟时按分割的模块进行技能传授。另外，对传统学校职业教育，现代学徒制课程设置以工作中的具体岗位为依据，避免了专业课程设置的笼统性。

二、合同方式不同

传统学徒制中，学徒的身份通过契约来确立，如父子契约、养父子契约等，代表了一种双方都可以接受的权利、义务或互惠关系。

现代学徒制是通过法律手段来明确师徒关系，学徒来自学校，师傅、学徒身份都具有双重性，双方在校企合作的前提下，通过签署《学校、企业、学徒、监护人协议书》《师徒协议书》《校企合作协议书》等系列协议来建立师徒关系，保证各方的利益诉求，明确双方权利、义务，协议方彼此认可，具有法律效力。

三、传授内容不同

传统学徒制的教学内容主要以生产知识和操作技术的传授为主。传统学徒制所传授的知识和技能是单向度的，也是零散的，是师傅个人多年工作经验的总结，并非系统性的、专业性的知识体系和技术体系，更多是技巧或者一些经验的传授。

现代学徒制所教授的知识和技能是系统的、个性的，更是全面的。现代学徒制以学生的就业实际需要为出发点，以企业实际环境为基础，进行专业知识和专业技能的传授，将企业文化提前渗透到学生的学习过程中，能够帮助学生更好地适应未来的工作环境。

第三节 传统师徒关系与新型师徒关系特征

传统师徒关系的发展一直是基于中国的传统小农经济、儒家仁礼思想以及封建等级政治制度合成的土壤，师徒形式的存在对技能的传承发挥着巨大的作用。当学校职业教育占据时代舞台时，学徒制在西方职业教育中又一次引起了广泛关注，不过是以创新的模式出现，与学校职业教育相结合共同培育技能人才。师傅不再以自身利益为前提去教授徒弟，而是以企业需求为导向进行技能传授，学徒也是以学习为本位而不是以生存为本位的目的去获取技能。师徒关系在现代学徒制背景下也产生了新的特征。

一、传统学徒制师徒关系特征

（一）注重“爱”和交流

传统学徒制中师徒是父子或养父子关系。徒弟进入师傅的家庭后，也相当于整个家庭的成员之一，与师傅全家生活在一起，父子般的亲情关系就此保留下来，植入学徒制中。特别是学徒制前期，师徒就是父子，师徒间没有任何剥削关系，是一个利益共同体和技术学习的共同体。此外，师傅本人也参与生产活动，生产过程同时也是师徒情感沟通的过程。在传统学徒制中师傅的角色如同父亲和老师：身为父亲，师傅会给徒弟像儿子一样无私的爱，在私人领域给予做人做事的指导；作为老师，会关心徒弟的技艺，在教授徒弟技艺的同时指导其职业发展，磨炼其意志，为社会创造更大的效益。学徒制至今仍被看作一种基于“爱”的注重情感交流的培养模式。

（二）以契约形式规定权利义务

传统学徒制中，学徒的身份通过契约来确立，比如父子契约、养父子契约等。

师傅作为父亲或养父，将自己的技艺向作为儿子或养子的徒弟倾囊相授，保障祖传的手艺、绝活和秘方等世代延续下去，徒弟也有义务继承和发扬光大师傅的事业，为师傅养老送终以及偿还师傅欠下的债务。

二、现代学徒制师徒关系特征

（一）师徒身份的现代化：从私人到公共

传统学徒制中师傅会从自身角度出发、以盈利为目的确定其雇主的身份，而学徒仅能得到师傅技艺的传授、知识的灌输和职业素养的熏陶，学习期间学徒是师傅的私人财产，学成后为师傅所在的企业或手工业劳作，为师傅创造更多的经济效益和生产价值。

现代学徒制以学院为依托，师傅往往是工厂里的一线有经验的工人或是企业的核心技术人员，因此，师傅在“学院—企业—学生”之间隶属于一个中间范畴，与学生是一种平等的师徒关系，与学生之间并无直接的经济利益联系。因此，这样的师徒关系更具有公共性。

（二）师徒互动的现代化：从单一到多元

在传统学徒制的教学互动过程中，师徒往往采用一对一或一对多的面授形式，主要教学方式是实践和指导，在反复多次的实践过程中让学徒明白其中的技术要点和注意事项，这样的教学互动方式较单一，且学习效率较低，生产效率不高。

现代学徒制的教学模式中，师徒互动越来越趋向多元化，除了授课的互动方式外，“互联网 +”在师徒互动的应用越来越多，对于教学方式，更有远程教学、翻转课堂、微课等教学互动模式。在实训过程中，学生可以全方位地了解所要学习的理论与技能，能够在动手操作的过程中获得一定的专业认知，更能体现现代学徒制的现代化特点。

（三）师徒体系的现代化：从物态到生态

传统学徒制受到市场意识、技能要求等限制，师徒结构单一、教学种类单一，师徒之间呈现一种物态化状态，这种状态的突出特点是适应力不强、反馈机制较弱、教学品种单一。行业内部所存在的传统学徒制也存在固化现象，企业对学徒“自上而下”式地控制。虽然传统学徒制有一定的效率和成果，但依然未能成为生态体系。

现代学徒制从传统的技术用工中蜕变出来，慢慢融入医疗、教育、管理、政府等社会组织系统，在市场的引领下构成一个完整的生态体系。从宏观角度来看，各个体系之间运转良好；从微观角度来看，各个组织的现代学徒制以行业需求为出发点，动态调整所指定的学习要求和学习内容，更加贴近市场和学生的实际需要。由此看来，现代学徒制无论在适应能力或是反馈机制方面都表现得比较出色，师徒体系日益生态化。

（四）教育宗旨的现代化：从传授到超越

在传统学徒制模式中，师傅传授给学生的知识和技能是有所保留的，目的是为了让学生不超越师傅的水平，以便为师傅服务，而不是出于对学徒以后的就业和发展考虑。

现代学徒制则是以超越教师为目标，师傅会倾其所有教给学生，让学生获得更多的实际操作技能和专业知识。现代学徒制的主要目的是提升学生的实践操作能力，为学生提供更多的学习资源和实训机会，为学生更好地适应工作环境和满足工作实际需要提供更多的保障。在技能和知识传授的同时，师傅还会进行恰当的职业素养教育和人力资源服务，传授工匠精神，把握产教融合的优势，融合企业文化和企业精神，目的是为学生服务，为学生的未来的发展考虑。

第六章　中国特色学徒制新型师徒关系的构建策略

我国在实施现代学徒制的过程中，企业作为现代学徒制实施过程中的重要组成部分，担负着培养学徒的重要责任，学徒的实践技能需要在企业中学习掌握。企业中的师傅对学徒进行技术技能的实践指导和培训，师徒关系与教学的质量和成果有着紧密的联系，亟须构建新型师徒关系以促进现代学徒制健康发展。

第一节　建立师徒关系制度体系

现代学徒制中企业师傅带徒积极性不高的重要原因在于外部制度不完善，师傅带徒的劳动成果被忽略。针对我国当前的国情，应该通过制度重构企业内部的师徒关系，将其从受市场机制支配的交易关系转变为实现技能累积并传承的教育关系。而建立企业师傅的教师资格制度是一项十分重要的举措，这一制度设计除了要承担选拔、培训、教师发展和评价等功能外，还应该同工资待遇、福利保障等劳动安全因素相结合进行一体化设计[11]。

一、完善企业参与现代学徒制的管理制度

（一）建立外部保障制度

在计划经济体制下，国家统包统揽，企业没有自主经营权，实行终身雇佣制，工人的工资待遇与工龄、职位息息相关，而技能因素很少被考虑，师傅与徒弟之间不存在实质性的竞争关系，师傅的薪酬和工作安全都能得到保障，因此，师傅乐于向徒弟传授知识或技艺以此来提高自己的社会地位，赢得外界尊重。而在市场经济条件下，师傅和徒弟都被置于自由、开放的劳动力市场中，二者之间存在着竞争关系。因此，师傅会出于对自身劳动安全的考虑强化对自己“绝活”的保护。所以，如何在市场化体制下提高企业师傅带徒的积极性，提供相应的制度匹配就显得至关重要。

（二）建立校企双方共同管理制度

借鉴国外优秀师徒关系的经验，结合我国国情，通过政府引导，充分发挥企业在现代学徒制中的作用，让企业贯穿整个学徒的培养过程，实现校企共同管理，形成和谐融洽的现代师徒关系。同时，学校选派优秀教师到企业，帮助学生尽快适应企业学习，企业选派专职师傅与教师一起教授学生技能和理论知识，并负责学生的工作与生活。企业师傅按照标准全程监管学徒的学习生活，按照企业制度对学徒进行考核，使其能够及时完善自己的不足之处，自觉跟随师傅学习实践技能和培养职业素养[12]。

（三）建立校企双方共同评价制度

在学生进行一段时间的实习之后，学校与企业需要对岗位的要求与学生的实际情况进行比较，寻找二者的契合点，由此建立相应的评价体系。评价的主要负责人由企业师傅与学校教师共同担任，促使学生更加积极自主地进行学习，不断提升自己的能力。此期间也会与师傅产生积极的师徒关系。

二、师傅管理制度

在双导师的现实情境中，除了对教师进行严格管理与完整培训外，还要对师傅进行管理、考核、评价和培训，明确师傅在教育教学活动中应有的责任和义务以及权益和权力，让师傅了解自己的资格状况、待遇情况和专业化发展情况等。通过制度的建立和完善，使师傅的发展具有阶段性的要求和标准，由此组建一支稳定的、高水平的、师德高尚的企业师傅队伍[13]。

三、学徒管理制度

参与现代学徒制培养的学生不仅是学校的学生，更是企业的学徒，由于身份的多样化，对他们的管理更需要明确的规章制度来进行规范。在学徒到企业跟随师傅学习前，以学校为主办方，组织签订师傅、学徒、企业三方协议，明确各方责任与义务，是对学徒的规范化管理，更是对学徒权益的有效保护。对于学徒在企业中的学习表现，学校的教师要不定期到企业进行调研、走访；定期让学徒提交阶段性学习总结，并要求企业师傅或企业管理人员签字确认，以此监督每位学徒的学习进度。对企业中学习成绩优异的学徒可采取发放证书、补贴资金等激励措施，这是对优秀学徒学习成果的肯定，更是对其他学徒的激励与鞭策[14]。

四、师徒互选制度

在当前知识经济与终身学习的时代背景下，学徒的自主学习和自我管理能力显著提升，特别是学徒在企业学习中对于职业成就与自我实现的追求，这促使学徒尝试进行学习资源的多元整合，推动现代学徒制中师徒关系的自发构建。师傅需要面对青年学徒的多元个性挑战，不再是传统学徒制中权威的象征，师傅虽然具有本行业的知识与资源，但不是完全垄断。在现代化的生产过程中，学徒的工作任务从单一具体化向复杂多样化发展，因此，学徒在选择师傅时会出现其所学内容不能完全由一个师傅教会，或者由于师傅的职位与任职部门等方面的限制因素，出现学徒找不到师傅或者大批师傅无徒可带的问题。因此，学校和企业要拓宽师徒制模式，不同师傅可就自身擅长的领域对学徒进行指导，学徒可根据自身发展的需要选择多个师傅，形成“一带多”或“多带一”的师徒模式，解决在市场经济竞争驱动下师傅的流动性问题[15]。现代学徒制下师生平等，师傅的角色从传统的知识、技能垄断者与权威者转变为学徒培训的指导者和伙伴，师徒之间的选择从传统的单向选择变为双向选择。师徒关系在这种去中心化、去本位化的互动选择模式中展开相应的合作与竞争，双方在相互学习中提升自身对知识、技能的认知，加速了双方知识、技能结构的重组与融合，有助于提升学徒培训的效果，也有助于师傅提升自身职业能力[16]。

第二节　建立师徒关系标准体系

现代学徒制结合行业协会、合作院校及企业三方力量，共同商讨和制订企业师傅、学徒的标准和方法，通过相应的师傅职业资格证书考试来开展师傅的认定和选拔。

一、师傅选拔标准

在现代学徒制培养中，师傅充当着关键的角色，其自身的道德修养、管理能力和专业技能等对学徒影响很大，然而目前缺乏全国性或行业性的师傅指导标准。因此，需要制订职业标准来选择合适的企业专家作为师傅。师傅既要技术精湛，更要德高身正，善于传艺，懂得管理艺术，具有良好的职业道德、较强的责任心和实践操作的指导能力，同时能够严格执行课程标准及学徒制的管理制度[17]。

现代学徒制在借鉴传统学徒制中技能示范与模仿的基础上还要与学校职业教育的培养计划与培养目标相结合。师傅同时也要参与到学校的教学中来，师傅要在传授技能前，制订明确的培训计划与培训指导方式，并且要考虑学徒的职业生涯发展规划。合格的师傅不仅要具备丰富的企业实践经验，还要熟悉现代教育教学方法，这样才能提高带徒的效率。

现代学徒制在选拔师傅的过程中，可以结合不同的行业领域，对不同层级的师傅进行选拔。首先，师傅可以是在行业有着多年资深经验的大师级师傅，他们主要进行传统技艺的传授，学校可以将有精湛技艺和业内口碑的大师级人物引进校内，为其成立大师工作室、企业工作坊等，大师级师傅不仅可以将技艺传授给学徒，更重要的是可将他们多年敬业乐群的职业情操与执着的职业信念传递给学徒。其次，师傅也可以是各行各业的能工巧匠，企业生产线上的技术能手，学校可以利用自身领域的发展优势，聘请当地的能工巧匠型师傅，尤其是在具有良好职业发展前景、岗位实践特点鲜明的行业中选聘。再者，校内有丰富企业工作经历的教师也具备师傅的任职资格与能力，也可以担任师傅。现代学徒制要对师傅的入职要求进行明确规定，包括师傅的职业能力要求、基本规范以及带徒的数量等。

（一）师傅应具备高尚的师德师风

师傅要将教书与育人相结合，一方面，要不断加强自身师德的建设，注重自身的做人准则以及学徒思想品德方面的培养；另一方面，要积极关心学徒的全面发展，在学习与生活上给予学徒关心与帮助，同时还要加强师徒之间的交流，促进师徒之间的全面了解[12]。

作为企业中的师傅，需要正视学生的特点，真正树立以学徒为主的指导思想，发挥自身协助、组织的主导作用；明确自身职责，时刻谨记作为师傅的身份，在做好本职工作的同时，树立积极的教育理念，把培养学徒成长成才作为自己的重要责任；并在带徒过程中不断提升自己的思想修养，树立正确的教学观。

（二）师傅应具备较高的专业素质与水平

师傅教给徒弟的大多为实际工作中所需要的专业知识与操作技能，因此，师傅需要具有终身学习的意识，依靠自身不断学习，不断丰富、提高自身的专业素质与水平，不断丰富教给学徒的专业内容，在学徒面临困难时，游刃有余地解决应对。除了不断提升专业能力，师傅还要加强教育教学理论学习，积极主动地向富有教学经验的师傅或老师请教，真正实现与学徒的积极互动，构建和谐的师徒关系。

（三）师傅应具备灵活多样的教学方式

现代学徒制的培养模式要打破传统学徒制的带徒方式，采取灵活的教育方式，既要让学徒牢固而快速地掌握专业知识与技能，又不能让学徒失去继续从师学习的兴趣。在师徒的教学互动过程中，师傅可采用小组合作、评比竞争和创新创意等灵活多样的教育方式，提高学徒“做中学”的积极性，体验完成任务的感受，从而增强学徒的责任感与自信心。

（四）师傅应具备良好的人文关怀意识

现代学徒制中的师徒关系既有教育层面的，也有生产互动层面的，但是面对还未从学校毕业的学生，企业师傅还要加强对学徒的人文关怀并与其平等交流。现代学徒制中，学徒仍会把师傅当作老师一样尊重、信任，因此，企业师傅也应注重与学徒在生活中的平等交流与对话，加强在教学过程中的关怀与帮助，从而使师徒关系更具人情味。

二、学徒选拔标准

学徒是构成良好师徒关系的关键，学徒的选拔也需要遵循相应的标准。

（一）学徒应具备正确的从师学习观念

观念的树立会对后续的行动起到关键的指引作用，因此，学徒应具备正确的从师学习观念。作为学徒，首先要明确自己学徒的身份，明白参与现代学徒制培养的重要意义，树立积极正确的思想观念，为后续的学习提供源源不竭的精神动力。在面对企业师傅时，要保持真诚、谦虚、勤奋的态度，对师傅要有尊重的态度和敬佩的心理，对所学的职业技能要有积极的认知，在向师傅学习以及与师傅互动交流的过程中，构建与师傅间的信任关系，从而为师徒关系的建立打下良好的基础。

（二）学徒应具备积极主动性

现代学徒制的培养模式不似学校的课堂讲授，是将学校教育与企业培训深度结合在一起，企业的师傅不是学校的老师，因此，学徒在与师傅的相处中，要调动自身的积极性，谦虚勤勉。在师徒关系中，不仅有师徒、同事等正式的人际关系，也会有基于深厚情感的非正式的私人交往关系。把握好与师傅相处的度，也是提高自身学习成效的关键所在。

三、评价标准

《教育部关于开展现代学徒制试点工作的意见》指出，现代学徒制的教学任务必须由学校教师和企业师傅共同承担，形成双导师制。合作企业要选拔优秀高技能人才担任师傅，师傅承担的教学任务应纳入考核，试点院校要将指导教师的企业实践和技术服务纳入教师考核。

（一）师傅评价标准

我国现代学徒制中对师傅的知识结构和能力尚未形成统一的标准。通常是根据企业培训管理要求制订师傅带徒的标准，具有一定的企业特色，较少考虑学校人才培养的标准，这直接影响师傅的带徒能力、学徒指导水平以及学徒职业生涯发展。现代学徒制中，师傅的知识结构和能力应当包括操作技能与素养、学徒指导能力与理论知识及应用能力。能够成为师傅最重要的条件是要拥有出色的操作技能与较高的职业素养，此外，师傅必须具备良好的学徒指导能力，包括对学徒现有知识、能力、素养、价值观及发展潜力等方面的判断，对学徒训练目标的准确理解与对训练过程的合理规划，结合工作过程对学徒进行知识讲解与操作示范，对学徒的技能与职业素养的准确判断。师傅的教授与学徒的学习直接影响现代学徒制的实践效果，建立师傅考核评价体系非常重要，可规范师傅的教学行为，促进师傅评价体系的科学化、系统化以及规范化，有效提升师傅的教学效能、促进师傅的专业水平提升，保障学徒培养质量[18]。

（二）学徒评价标准

学校和企业在制订师傅管理规范、资格评价体系以及完善师傅培训体系的同时，也要明确学徒在学习工作期间的行为规范，包括对学徒工作时间的规定、对仪器设备使用与维护的规范、对工作任务的考核标准、职业态度等。此外，还应包括学徒尊重师傅、谦虚主动向师傅请教、明确学习过程的规范与要求、遵守生产安全与纪律、按时完成所学的任务等。学徒可以根据自己的实际需求选择学习的时间、地点、内容、师傅以及考核时间等。学徒达到相应的考核标准后，可以出徒，对于表现优秀的学徒可作为助手帮助师傅指导新学徒，为学徒今后的职业生涯发展奠定基础。

四、职业资格等级标准

现代学徒制与传统学徒制主要的区别是其不仅具有经济属性，还具有教育属性；不仅要关注学徒当前的岗位适用能力，还要关注学徒今后的综合素养提升。西方国家现代学徒制构建的实践表明，现代学徒制不能仅仅视为企业的私有物，而是国家人力资源开发的重要组成部分。因此，我国有必要制订全国统一的职业资格标准和课程框架体系，从过程和结果两个方面规范现代学徒人才培养过程，保障学徒制人才培养质量[19]。

第三节　建立师傅培养培训体系

培养一支实践能力强、育人能力强且具有职业教育特色的“师傅”型师资队伍，是现代学徒制健康、有序发展的重要保障。现代学徒制的推进是建立在校企深度合作的基础之上[20]，“师傅”型师资队伍建设需要行业企业逐步试点推进。针对当下现代学徒制中“师傅”型教师困境，应通过建立健全师傅培养培训体系，真正调动“师傅”型教师的积极性。

一、建立师傅继续教育体系

在对师傅进行培训的过程中，要注意加强师傅的带徒指导能力，并结合具体技能操作进行有针对性的培训。培训不仅要突出学徒训练方法，也要学习必要的现代教育学知识，如学徒观、师徒关系观、学习的基本规律等。此外，师傅需要定期参加理论知识培训，必须不断完善自己的知识体系，以便更好地教育学徒。

随着技术的发展以及岗位、工作情景的改变，师傅的职业能力也需要不断提升。就我国现代学徒制试点情况看，对师傅的职业能力还没有统一的标准，通常是按照企业、职业院校的要求制订，不具备行业通用性。

现代学徒制中，不仅要求师傅具备良好的岗位技能操作能力，还应该具备深厚的理论和学徒指导能力。其中，最重要的是学徒指导能力，这是一种综合运用能力，包括对学徒现有的知识结构、技术技能、职业道德及职业发展潜力做出科学合理的预测与判断，进而按照企业、学校的要求制订科学合理的学徒培训计划，再结合具体的工作过程或岗位对学徒进行知识讲解和技能操作展示，最后对学徒的技能、水平、职业素养做出合理的评价。师傅的知识结构、职业技能、学徒指导能力等需要与时俱进，因此，职业院校、企业要注重对师傅职业能力的培训工作，建立师傅继续教育体系，不断提升师傅的职业能力。

二、制订师傅培养计划

师傅不仅需要技能型知识，教育教学类知识也是师傅必须具备的。因此，制订师傅培养计划，构建企业师傅教师资格制度，系统性学习教育教学类知识，让师傅走进学生，走进课堂，真正成为导师，全方位提升师傅工作能力，提高其带徒积极性。对于有经验的师傅要不断更新带徒观念，了解新生代学徒的个性特点，掌握新的教育和指导理念，以便更有效地优化师徒关系。对于新任师傅，进行有效的培养和指导，帮助他们掌握基本的指导技巧和方法。对于有做师傅潜力的员工，师傅培养计划可以为他们开辟了新的学习通道，也可为师傅队伍的建设和指导注入新的血液。

三、建立师傅人才数据库

师傅的人才储备是学徒指导的重要资源。企业根据工作岗位和职能，建立不同的师傅人才数据库，记录师傅的年龄、工作时间及职务等基本信息，师傅的带徒经验如带徒的经历、绩效及评价，师傅的特长如性格特征、工作领域特长及绩效等，为后续的师徒有效结对提供参考依据。通过构建师傅型技能人才储备库的形式，在源头上优化扩充现代学徒制发展所需的师傅型人才，保证师傅队伍的稳定性。构建师傅型技能人才储备库，是一项有益于现代学徒制推进的重要举措，同时也是一项长期的系统工程。

第四节　建立师徒关系运行机制体系

在传统学徒制中，学徒学习的途径比较单一，师傅是他们获得知识和技能的唯一来源。然而，随着社会现代化的发展，学徒可以通过很多途径获取知识，甚至可能比师傅了解更多新的技能。师徒之间构建良好师徒关系的方法是共同学习、相互促进。

一、建立新型教学共同体

传统学徒制中的师徒关系是一种单向的授受关系，这种师徒关系是被动的、有局限性的，师傅是学徒唯一的模仿、学习对象和榜样，师傅掌握着权威的知识与技能，在地位上，师傅能够决定一切。现代学徒制中的师徒关系不再局限于亲授的教学方式，而是形成了多元的师徒关系，师傅对学徒的影响是多方面的、平等的。

（一）创新指导方式

除了外部师徒关系模式的变化，在师傅指导学徒的过程中，师傅也要尊重学徒个体的多元和差异发展。现代学徒制中的师徒关系同时也是师生关系，要注重关系平等，师徒在相互竞争与合作中不断学习与提升。这不但有益于学徒的发展，而且在带徒过程中，师傅也对技能经验进行了再认识与反馈，对自己多年积累的操作经验进行知识结构重组，有助于提高师傅带徒的效率。

（二）创新学习方式

在互联网技术发展背景下，学生可以通过多元渠道获得更多、更新的学习资源，甚至可以先于师傅接触更新的专业知识或专业技能。师徒之间良好关系的形成过程中“共同提升”不可或缺，而“学习共同体”是最佳的表现形式。师徒学习共同体的构建能够让师徒共同进步，彼此分享自己的知识与技能，师傅向学徒学习新的专业潮流、新的技术手段，而学徒可以向师傅学习基础的操作技能和扎实的理论知识，在相互切磋、相互交流的过程中，学习、创新和合作形成新的学习共同体。

二、建立师傅激励机制

从学徒制诞生以来，师傅与徒弟的关系就夹杂着利益。师傅出于对自身利益的考量调节其参与学徒制的程度，因此，相关企业、高职院校和社会应采取举措，制订相应的激励策略，如物质激励、精神激励和晋升激励，尽可能地提升师傅带徒的积极性。

（一）基于师傅物质利益的激励策略

所谓的物质激励主要是指给予带徒师傅一定的经济补偿，建立合理的奖励系统，可以将徒弟结业成绩作为师傅绩效考核的一部分，根据不同的等级给予不同的经济奖励。企业师傅的经验知识通常是花费大量的时间成本和经济成本积累的，这些知识和经验是保证其获得垄断利益的基础，必须保证其付出和预期收益相平衡，这样才能提高师傅向徒弟转移知识的积极性和主动性。企业应在内部建立起有效的激励机制，保证企业师傅共享技能能够得到最大化的利益回报。奖励力度要符合企业师傅共享技能后对获得利益的期望值，使其知识价值最大化，避免使奖励流于形式而降低企业师傅带徒的积极性。企业通过检测学徒学习技能的成果，来判断是否接近企业预期，并将学徒成果与师傅绩效挂钩。企业应明确高薪向高水平、高技能型人才倾斜、向高技能型人才技能知识存储量及其贡献程度倾斜，提升师傅的公平感，使师傅实现自我价值最大化。

（二）基于师傅精神利益的激励策略

物质激励在短时期内能够有效激发师傅带徒的积极性，但要保持这种积极性则需要精神激励作为支撑。企业可以定期举行优秀师傅表彰大会，表彰在指导徒弟方面取得较大成绩的企业师傅，借以提高师傅的社会声望和在企业中的地位。提高师傅带徒门槛，制订师傅担任标准也是调动师傅积极性的一种手段，师傅是企业对技能和管理能力卓越人才的一种肯定和嘉奖。通过对“师傅”这一称号的严格把控，作为一种潜在的激励，提高师傅参加学徒制的积极性。因此，企业、政府、学校可以对积极性高、带徒成果好的师傅定期进行表彰，提高其在企业中的地位和影响，同时，对于消极带徒的师傅给予降级或淘汰。

（三）基于师傅晋升利益的激励策略

职业发展是鼓励知识共享的一种有效激励方式，在知识经济社会，像终身雇佣这样的工作安全已逐渐被职业安全所代替，成长与发展是人的一项基本而重要的需求，是促成员工努力工作的重要动机。因此，对于积极进行技能共享的企业师傅，不但要对其进行物质和精神激励，还应为其晋升提供渠道，将带徒经验作为晋升考察的一方面。企业应打通师傅晋升渠道，构建完善的职业发展体系，根据其知识贡献程度和带徒成果，优秀的师傅应该破格提拔。由于师傅带徒并不是企业师傅的本职工作，只是其附属职能，因此，现代学徒制的推行需要国家层面的保障机制。一方面，保障师傅的权益，使其避免暴露于激烈的市场竞争环境之下；另一方面，抑制师傅和徒弟的过度竞争，避免“教会徒弟，饿死师傅”的局面出现。

三、构建新型师徒契约机制

企业师傅参与学徒培养的任务，一般仅仅将其视为一种企业赋予的临时任务，或者仅仅是为了获得一定的利益，而没有从内心去认同“企业师傅”这一角色。担任企业师傅的技术人员一般在企业内部都是业务骨干，其自身承担的工作任务也很繁重，很难有时间和精力去思考如何更好地承担企业师傅这一角色，因此，企业师傅可能并不会将自己的技术诀窍全盘传授给学徒，为破解这些困境，现代学徒制需要构建新型师徒契约机制。

（一）构建良好的人际关系

人际交往是人与人之间的一种互动，是人们获得知识和信息的重要途径。从动态上讲,人际交往是指人与人之间一切直接或间接的相互作用；从静态上讲，是指人与人之间通过动态的相互作用形成的情感联系。构建良好的人际关系是形成和谐师徒关系的前提与基础，师徒之间相处融洽，互相欣赏，才能够激发师傅传授知识经验的热情。

在国家层面，应在社会上提倡尊师重教，为构建和谐的师徒关系提供背景支持；在企业层面，在进行师徒结对时，应充分考虑师徒双方的信仰、教育背景、成长经历和行为习惯等，以免因师徒双方在生活方式、思想等方面的冲突而影响师傅带徒的积极性；在徒弟层面，企业师傅将自己多年在实践中积累的经验知识与其共享，徒弟要心怀感恩，尊重师傅的劳动成果。

徒弟的欣赏与尊敬往往能极大地满足师傅的心理需求，激发其知识经验转移的热情，因此，作为学徒，要积极认真地向师傅学习技能知识，遇到不懂的问题要虚心请教，加强与师傅的知识探讨和情感交流，形成融洽的师徒关系；在企业师傅层面，师傅要不断地提高自身的素质，重构师傅权威，同时，不断加强理论知识的学习和实践经验的总结，与时俱进，成为徒弟学习的榜样。

（二）传承工匠精神

从传统学徒制到现代学徒制，始终维系着师徒关系发展的是精益求精、追求卓越的工匠精神，作为新时代创新型国家建设的核心精神力量，承载着职业教育的特殊使命。工匠精神应渗透到师徒关系发展的每一环节中，融入师徒的学习、生活、工作中，通过师徒之间的传承，使工匠精神在行业中生生不息，照亮学徒的每一段发展历程。

从师傅的角度而言，要让学生能够具有工匠精神，前提是自己先是一个符合标准的匠人，能够让学生在自身严谨、踏实追求完美的工作态度中获得对工匠精神的认识，能够为学徒提供榜样示范作用；从学生的角度而言，必须深知工匠精神在工作和学习中的重要性和影响力。从学生入学、学习基础课程、进行社会实践和实训等过程中大力推广工匠精神，让学生明白工匠精神不仅是现代职业教育的精髓，更是待人处事、工作治学的核心精神。

（三）明确师徒责权

师傅与学徒是高质量人才培养的“源”与“流”，在现代学徒制契约机制中，明确双方的权利与义务，才能有效提升学徒的培养质量，建立责权明晰的契约机制，才能真正激发“师傅”型教师的育人动力。

对于学徒而言，有权在实习过程中保护自身的权益，以防出现沦为廉价劳动力的现象发生；对师傅而言，要规范自己的教学行为，遵守相关的协议规定，认真履行教学义务，向学徒传授技术技能知识，坚守教育的信念，以工匠精神对学生进行德育教育。学徒通过师傅言传身教的教学方式，进行岗位技能知识的训练，不断提高自己的实践能力，成长为应用技能型人才。

（四）弘扬尊师重教

社会应弘扬尊师重教的传统文化，为师傅带徒营造良好的氛围。企业应在企业中营造文化共享的良好氛围，把技能知识共享作为宣传的核心，并贯穿到工作过程中。作为师傅，应该尊重徒弟的人格，对徒弟进行因材施教，合理运用教育教学手段，使徒弟学到更多的职业技能；作为徒弟，师傅将毕生累积经验教授于己，应心怀感激，虚心接受师傅的教导和批评，积极学习师傅的技能，并且应积极表达对师傅的感激之情，以促进彼此之间关系的和谐。

第七章　现代学徒制师徒关系分析模型构建

第一节　基于层次分析法的学徒评价体系构建

现代学徒制中的学徒不同于普通高职学生，现代学徒制对学徒提出了更高的要求，需要构建起以职业能力为核心的评价体系。本研究是基于层次分析法，来构建完善的基于职业能力的学徒评价体系。

一、德尔菲法（Delphi）确定评价指标

德尔菲（Delphi）法又叫专家打分法，由专家确定各因素在评价体系中的重要程度（极重要、很重要、一般重要、不重要、不必考虑）。在本研究中，专家在彼此独立的环境中对每个评价指标进行打分或排序。通过对各位专家的意见进行统计，形成最终结果，构成评价指标。

（一）确定研究对象

本研究共确定 35 名研究对象，包括职教专家 5 人、专业教师 7 人、行业企业专家 10 人、师傅 8 人和学徒制毕业学生 5 人。

（二）设计评价指标

根据现代学徒制新型师徒关系对学徒的要求，基于职业能力的学徒评价体系可由一级指标 4 个、二级指标 8 个和三级指标 30 个构成，并以问卷的形成发放给调研对象。

（三）专家调查与咨询

专家根据给定的赋分标准，分别对问卷给出的每一个评价指标进行赋分。

根据专家的赋分结果，计算每个指标得分的均值和方差。

均值即一组数据的平均值，方差是用来描述一组数据的波动大小，方差越大，数据波动越大，表明专家的意见越不集中；方差越小，数据波动越小，表明专家的意见越集中。

（四）指标筛选和排序

根据计算的均值和方差，筛选出有效指标，并对筛选出来的指标进行排序，确定用于学徒评价的 30 个指标。

二、层次分析法（AHP）确定评价指标权重

层次分析法（AHP）是美国著名运筹学家萨蒂首先引入教育评估领域以解决权重确定的问题。通过将层次元素的重要性两两比较进行定量描述，计算判断矩阵的相对重要性的权值，并进行排序和一致性检验，增强实践教学评价的科学性和有效性。

（一）建立学徒评价体系的层次结构

构建以职业能力为核心的学徒评价体系分为培养就业能力和促进全面发展两个维度，将专业技能、职业素养、关键能力和核心素养 4 个指标定义为一级指标，岗位能力、工作质量、敬业精神、质量意识、团队精神、合作能力、学习能力和创新能力 8 个指标确定为二级指标，与二级指标分别对应的 30 个指标作为三级指标，构建系统结构层次图，如图 7-1 所示。

（二）构建判断矩阵

根据萨蒂的 9 级计分法对不同评价指标进行两两比较，构建判断矩阵。其中，判断矩阵标度的含义见表 7-1。

表 7-1　判断矩阵标度的含义

标度值	具体含义内容
$d_{ij}=1$	元素 i 与元素 j 对上一层具有相同重要性
$d_{ij}=3$	元素 i 与元素 j 相比略为重要

续表

标度值	具体含义内容
d_{ij}=5	元素 i 与元素 j 相比明显重要
d_{ij}=7	元素 i 与元素 j 相比强烈重要
d_{ij}=9	元素 i 与元素 j 相比极其重要
d_{ij}=2，4，6，8	元素 i 与元素 j 相比重要性介于上述相邻判断的中间值
d_{ij}=1，1/2，…，1/9	若元素 i 与元素 j 的重要性之比为 d_{ij}，则元素 j 与元素 i 的重要性之比为 $1/d_{ij}$

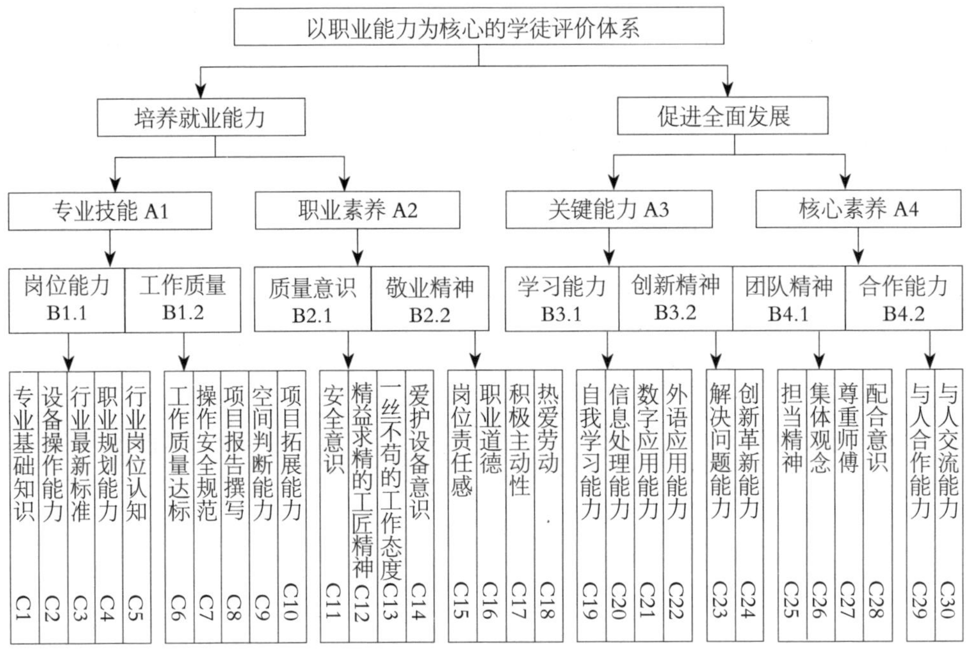

图 7–1　学徒评价体系的层次结构图

根据表 7–1，对每一层次中各指标元素进行两两比较，针对上一层次元素给出各元素相对重要性的判断，并取专家判断结果的平均数构建判断矩阵。

（三）计算各项指标的权重系数

各项指标的权重系数按以下步骤求得。

（1）将判断矩阵的每一个元素按列进行归一化，得到归一化矩阵，如下式所示：

$$a'_{ij}=\frac{a'_{ij}}{\sum_{j=1}^{n}a_{ij}}\qquad (i,j=1,2,\cdots,n)\tag{7-1}$$

（2）将归一化后的判断矩阵按行相加得到向量 W，如下式所示：

$$W_i=\sum_{i=1}^{n}a'_{ij}\qquad (i=1,2,\cdots,n)\tag{7-2}$$

（3）将向量 W 做归一化处理，如下式所示：

$$W'_i=\frac{W_i}{\sum_{i=1}^{n}W_i}\qquad (i=1,2,\cdots,n)\tag{7-3}$$

（4）归一化后的向量即为所求的各指标的权重值。

三、一致性检验

为确认判断矩阵的权重分配是否合理，还需要进行一致性检验，矩阵的一致性检验根据一致性指标比率 CR 进行判断，步骤如下。

（1）计算矩阵的最大特征根。

$$\lambda_{\max}=\sum_{i=1}^{n}\frac{AW'}{nW}\qquad (i=1,2,\cdots,n)\tag{7-4}$$

式中：A 为判断矩阵；W' 为归一化后的向量；n 为矩阵的阶数。

（2）计算一致性指标。

$$CI=\frac{\lambda_{\max}-n}{n-1}\tag{7-5}$$

一致性指标的值越小，判断矩阵偏离一致性的程度越小。

（3）计算一致性指标比率。

$$CR=\frac{CI}{RI}\tag{7-6}$$

其中，RI 为平均随机一致性指标，不同阶数矩阵的 RI 可由表 7-2 查出。

表 7–2 不同阶数矩阵的平均随机一致性指标

n	1	2	3	4	5	6	7	8	9	10	11
RI	0	0	0.58	0.9	1.12	1.24	1.32	1.41	1.45	1.49	1.51

由表 7–2 可以看出，当矩阵阶数 $n<3$ 时，判断矩阵具备完全一致性；$n \geqslant 3$ 时，需要根据一致性指标比率 CR 进行校验。当 $CR<0.10$ 时，满足一致性校验；当 $CR>0.10$，需要重新调整判断矩阵，直至满足一致性条件。

四、指标权重分析

经过一致性检验后，一级指标、二级指标和三级指标的权重见表 7–3。

表 7–3 各级指标的权重

两个维度	一级指标 A（4 个）	权重	二级指标 B（8 个）	权重	三级指标 C（30 个）	权重	总权重
培养就业能力	A1 专业技能	0.39	B1.1 岗位能力	0.62	1. 专业基础知识	0.28	0.0677
					2. 设备操作能力	0.32	0.0774
					3. 行业最新标准	0.15	0.0363
					4. 职业规划能力	0.11	0.0266
					5. 行业岗位认知	0.14	0.0339
			B1.2 工作质量	0.38	1. 工作质量达标	0.28	0.0415
					2. 操作安全规范	0.39	0.0578
					3. 项目报告撰写	0.13	0.0193
					4. 空间判断能力	0.11	0.0163
					5. 项目拓展能力	0.09	0.0133
	A2 职业素养	0.19	B2.1 质量意识	0.48	1. 安全意识	0.29	0.0264
					2. 精益求精的工匠精神	0.30	0.0274
					3. 一丝不苟的工作态度	0.28	0.0255
					4. 爱护设备意识	0.13	0.0119
			B2.2 敬业精神	0.52	1. 岗位责任感	0.34	0.0336
					2. 职业道德	0.28	0.0277
					3. 积极主动性	0.22	0.0217
					4. 热爱劳动	0.16	0.0158

续表

两个维度	一级指标 A（4 个）	权重	二级指标 B（8 个）	权重	三级指标 C（30 个）	权重	总权重
促进全面发展	A3 关键能力	0.28	B3.1 学习能力	0.57	1. 自我学习能力	0.41	0.0654
					2. 信息处理能力	0.30	0.0479
					3. 数字应用能力	0.20	0.0319
					4. 外语应用能力	0.09	0.0144
			B3.2 创新能力	0.43	1. 解决问题能力	0.62	0.0746
					2. 创新革新能力	0.38	0.0458
	A4 核心素养	0.14	B4.1 团队精神	0.53	1. 担当精神	0.31	0.0230
					2. 集体观念	0.28	0.0208
					3. 尊重师傅	0.20	0.0148
					4. 配合意识	0.21	0.0156
			B4.2 合作能力	0.47	1. 与人合作能力	0.51	0.0336
					2. 与人交流能力	0.49	0.0322

从评价指标体系的权重可以看出，专业技能指标权重为 0.39，关键能力指标权重为 0.28、职业素养指标权重为 0.19、核心素养指标权重为 0.14，说明在学徒培养过程中，专业技能培养非常重要。同时，职业院校和企业越来越重视学徒职业能力和职业核心能力的培养，对职业素养和核心素养也逐渐重视，这与我国现代职业教育体系“提高学生职业技能和培养职业精神高度融合，促进就业创业，促进全面发展”的育人目标吻合。

第二节　基于雷达图分析影响师徒关系的指标

影响现代学徒制新型师徒关系的因素很多，本研究在充分调研的基础上，基于雷达图分析影响师徒关系的指标，为逐步完善学徒制师徒关系提供参考。

一、确定调研对象

项目研究以山东省 3 所高职示范院校学徒制试点为样本，对现代学徒制中影响师徒关系的指标进行分析。参加调研的学生共135名，主要为学徒制试点中一年级和二年级的学生；参与调研的师傅共36名。

二、设计指标体系

影响现代学徒制师徒关系指标的调研分析分师傅和徒弟两个维度，从不同的视角分别设计量表。在德尔菲调研法分析的基础上，分别确定了8项指标，见表7–4。

表7–4　影响师徒关系的指标列表

序号	影响师徒关系的指标（师傅）	影响师徒关系的指标（徒弟）
1	徒弟学习能力强	师傅的辅导针对性强
2	徒弟动手能力强	师傅传授的技能满足职业岗位需求
3	徒弟爱岗敬业	师傅有丰富的实践经验
4	徒弟工作主动性强	师傅的辅导有吸引力
5	徒弟具有一丝不苟的工作态度	师傅常与徒弟谈话
6	徒弟尊重师傅	师傅态度友善
7	徒弟能虚心请教遇到的业务问题	师傅教授的专业知识够用
8	徒弟能主动跟师傅交流工作、学习问题	师傅关心学徒的学习问题

三、开展调研并收集数据

将评测量表分别发给参加调研的现代学徒制试点的师傅和徒弟，根据指标对师徒关系的影响程度分别赋分，各项指标得分在0~100%之间，各项指标得分总和为1。共回收徒弟评测量表135份，其中有效数据132份；师傅评测量表36份，其中有效数据35份。取所有赋分结果的平均值作为最终的调研结果，见表7–5、表7–6。

表7–5　影响师徒关系指标的赋分结果（师傅）

序号	影响师徒关系的指标	赋分结果（%）
1	徒弟学习能力强	5.16

续表

序号	影响师徒关系的指标	赋分结果（%）
2	徒弟动手能力强	9.72
3	徒弟爱岗敬业	11.23
4	徒弟工作主动性强	12.89
5	徒弟尊重师傅	13.21
6	徒弟具有一丝不苟的工作态度	18.13
7	徒弟能虚心请教遇到的业务问题	11.57
8	徒弟能主动跟师傅交流工作、学习问题	18.09

表 7–6　影响师徒关系指标的赋分结果（徒弟）

序号	影响师徒关系的指标	赋分结果（%）
1	师傅的辅导针对性强	10.85
2	师傅传授的技能满足职业岗位需求	15.29
3	师傅有丰富的实践经验	15.12
4	师傅的辅导有吸引力	13.28
5	师傅常与徒弟谈话	10.36
6	师傅态度友善	13.78
7	师傅教授的专业知识够用	11.39
8	师傅关心学徒的学习问题	9.93

四、数据分析

根据收集的数据，分别作出影响师徒关系各项指标的雷达图，如图 7–2、图 7–3 所示。

从师傅的视角看（图 7–2），影响师徒关系的各项指标中，徒弟具有一丝不苟的工作态度、徒弟能主动跟师傅交流工作、学习问题这两项指标占比最大，分别为 18.13% 和 18.09%，说明师傅最看重徒弟的工作态度和交流沟通能力；徒弟尊重师傅、徒弟工作主动性强这两项指标所占比重相近，分别为 13.21%、

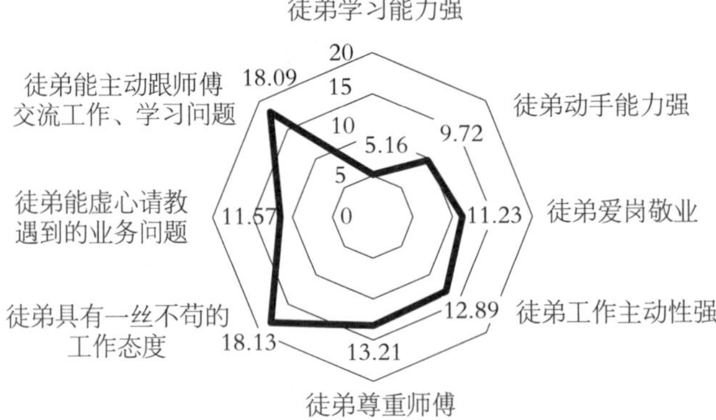

图 7-2　影响师徒关系指标的赋分结果的雷达图（师傅）(%)

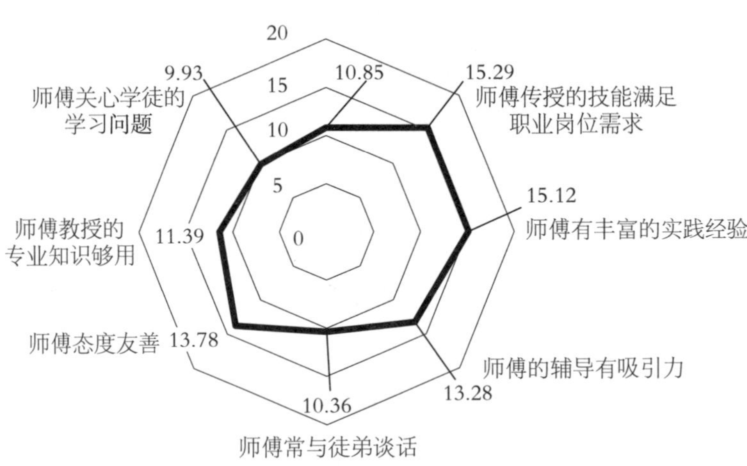

图 7-3　影响师徒关系指标的赋分结果的雷达图（徒弟）(%)

12.89%，是师傅相对重视的指标，以上四项指标比重占 62.32%，是影响师徒关系的关键要素；徒弟能虚心请教遇到的业务问题、徒弟具有一丝不苟的工作态度、徒弟爱岗敬业各占 11.57%、18.13% 和 11.23%，说明徒弟的职业素养对师徒关系也会产生较大影响；徒弟动手能力强、徒弟学习能力强各占 9.72%、5.16%，说明徒弟个人的业务能力对师徒关系的影响相对较小。

从徒弟的视角看（图 7-3），影响师徒关系的各项指标相对均衡。在各项指标中，师傅传授的技能满足职业岗位需求、师傅有丰富的实践经验是占比最大的两项指标，分别为 15.29%、15.12%，说明徒弟最看重的是师傅传授的一线实际经验；师傅态度友善、师傅的辅导有吸引力这两项指标对师徒关系影响的占比分别为 13.78%、13.28%，说明徒弟也很看重师傅辅导的态度和方式方法，以上四项指标占比达到 57.47%，是影响师徒关系的关键因素；师傅教授的专业知识够用、师傅的辅导针对性强、师傅常与徒弟谈话、师傅关心学徒的学习问题四项指标占比大体相当，分别为 11.39%、10.85%、10.36%、9.93%，说明师傅与徒弟的其他交流与沟通对师徒关系的影响相对较小。

第三节　现代学徒制师徒关系调研分析报告

为了解实践中师徒关系和师傅、学徒的真实感受，2018 年 8 月，本研究课题组到歌尔股份有限公司进行了师徒关系的调研并形成了调研报告。

一、整体调研概况

本次调研以调查问卷形式进行，分别面向师傅、学徒两个群体。其中，发放学徒调查问卷 30 份，回收有效调查问卷 29 份；发放师傅调查问卷 5 份，回收有效调查问卷 5 份。

二、学徒调研情况分析

（一）基本情况分析

本次调研的学徒是机械制造与自动化专业的学生，其中大一学生 22 人、大二学生 5 人、大三学生 2 人，数据表明，大一学生对于现代学徒制认可程度和参与的积极性高于高年级学生，主要原因为：一是大三学生已开始顶岗实习，已经有相对稳定的实习单位，故学生不愿意更换单位或岗位；二是大三学生接触现代学徒制时，学院宣传力度等各方面工作还不够，没有激发起整体的积极性。

另外，此次参与现代学徒制的学生均为男生，这是由该专业的专业特点决定的。

（二）师徒关系调研分析

1. 对校企安排的学习与工作是否满意

6 人选择“满意”，占 20.69%；23 人选择“基本满意”，占 79.31%，可以说满意率达到100%。表明此次现代学徒制的工作安排得到了学生的高度认可。

2. 您理想中的师徒关系是怎样的

26人认为应该是“良师益友”，占89.66%；3人认为“一日为师，终身为父”，占10.34%。表明绝大多数学生希望在师徒平等的前提下建立良好的师徒关系，师傅既是受尊重的师傅，也是能够平等对话的朋友。

3. 您希望师傅能够教给哪些内容

此题是多选题。选择“职业技能”的同学有29人，占100%；选择“职业道德”的同学有21人，占72.41%；选择“就业指导”的同学21人，占72.41%；选择“生活指导”的人最少，只有8人，占27.59%。表明所有学生均希望从师傅身上学到职业技能；大部分学生希望师傅能够同时培养自己的职业道德，给予自己在就业方面的引导；至于生活指导方面，有可能是多数学生并不认为师傅能够给予自己生活方面的指导，或者尚未将未来的生活与职业相关联。

4. 您希望师傅带几个徒弟

14人希望师傅带“1~2个”徒弟，占48.28%；14人希望师傅带“3~5个”徒弟，占48.28%；有1人的答案是“无所谓”，占3.45%。表明多数学生并不希望师傅带很多徒弟，原因比较容易理解，师傅带的人越多，精力越分散，指导质量和水平就会下降。

5. 您认为是否有必要举办一个传统的拜师仪式

23人选择“有必要”，占79.31%；3人选择“没必要”，占10.34%；3人选择“无所谓”，占10.34%。表明仪式感在现代学徒制中还是受到多数学生认可，通过仪式，可以让学徒加深对师傅的敬重感，这是构建良好的师徒关系的第一步。

6. 您是否愿意与现代学徒制师傅在工作之外也保持交往或联系

有1名同学未作答，作答的28名同学中，15名同学选择“非常愿意”，占53.57%；12名同学选择“愿意”，占42.86%；1名同学选择“比较愿意”，占3.57%。表明所有学生从目前的主观意愿上来说，均希望能够与师傅建立良好的关系，这有利于构建和谐、融洽的师徒关系。

7. 您是否愿意师傅安排很重要的工作任务给您

29名同学均选择了“愿意”，占100%。表明参加现代学徒制的同学们对于承担工作任务有非常高的积极性和主动性，主要原因在于：一是很多同学认为自己可以通过承担重要工作任务得到更好的锻炼；二是可体现师傅对自己的信任和认可；三是有同学认为可以通过承担任务调动自己的积极性。总体来说，同学们对自己的定位是很明确的，都渴望自己能够通过现代学徒制项目得到更好的成长。

8. 通过在企业跟师傅一段时间的学习，您认为最大的收获是什么

此题是多选题。其中“学到师傅良好的职业素养”的同学有 23 人，占 79.31%；“能独立完成工作任务”的同学有 25 人，占 86.21%；“与师傅建立了良好的师徒关系”的有 22 人，占 75.86%；“同事关系相处融洽”的有 16 人，占 55.17%。表明多数同学在跟师傅学习一段时间后，在能力、素质等方面均有较大提升，师徒关系从总体上来说比较融洽和谐。

9. 您觉得师徒关系不是非常融洽的原因是什么

此题是多选题。有 2 名同学未作答。作答的 27 名同学中，认为原因是“师傅担心带徒弟耽误工作”的有 14 人，占 51.85%；认为是“企业没有相应的激励机制”的有 15 人，占 55.56%；认为是“徒弟没有充分尊重师傅”的有 13 人，占 48.15%；认为是“师傅和徒弟之间有竞争”的有 5 人，占 18.52%。表明要建立融洽的师徒关系，师傅的工作精力和压力、企业的激励、学徒对师傅的尊重，都是很重要的影响因素。

10. 您对现代学徒制师徒之间建立友好关系的建议是什么

此题是开放题。有 16 位同学作答。主要建议归纳如下：一是师徒双方要加强沟通与交流；二是师徒双方要相互尊重、相互信任；三是学徒要虚心听取师傅的指导与建议；四是师徒双方在日常工作生活中要加强联系。

三、师傅问卷分析

（一）基本情况分析

此次歌尔股份有限公司安排了 5 名带徒师傅，均为男性，这是行业特点决定的。

学历方面，“高中 / 中专 / 职专”学历 2 人，占 40%；“专科 / 高职”学历 3 人，占 60%。表明企业带徒师傅学历层次普遍不高。

职业技术资格证书等级方面，具有高级职业技术资格证书 1 人，占 20%；

中级 2 人，占 40%；初级 1 人，占 20%；1 人无证书，占 20%。中高级人员共占 60%，表明企业安排的带徒师傅多数在技术上具备指导能力。

工作经验方面，5 名带徒师傅均在本单位拥有 3～5 年的工作经验，应该说已经具备一定的指导条件。

年龄方面，25 岁以下 2 人，占 40%；25～34 岁 2 人，占 40%；35～44 岁 1 人，占 20%。多数带徒师傅与学徒年龄相差并不太大，易于沟通，但年龄相差不大，通常表明从业经验不足够丰富。

（二）师徒关系分析

1. 您是否愿意带现代学徒制的徒弟

5 名带徒师傅均选择“非常愿意”，占 100%，表明企业安排的带徒师傅对指导学徒工作具有较强的积极性和热情，从师傅方面来说，这是构建良好师徒关系的一个非常有利的因素。

2. 您理想中的师徒关系是怎样的

该题与学徒群体的选择几乎是一致，有 4 名带徒师傅选择“良师益友”，占 80%，有 1 名选择“一日为师，终身为父”。师徒双方对师徒关系的定位一致，这为构建良好的师徒关系打下了良好的基础。

3. 如果您来带现代学徒制的徒弟，您认为带几个徒弟为宜

选择“1～2 个”的 4 人，占 80%；选择“3～5 个”的 1 人，占 20%。表明多数带徒师傅不愿意带很多学徒，原因可能在于师傅自身工作压力大、精力不够，企业也缺乏相应的激励机制。

4. 您希望学徒具备的素质有哪些

此题是多选题。选择“良好的工作态度”的 5 人，占 100%；选择“尊重师傅”的 3 人，占 60%；选择“动手能力强”的 3 人，占 60%；选择“良好的沟通能力”的 5 人，占 100%。表明带徒师傅最看重学徒的是态度和沟通能力，这是构建良好师徒关系，推动现代学徒制顺利进行的基础。当然，对师傅的尊重、学生自身的动手能力也是师傅比较看重的。

5. 如果您作为师傅，您认为应该教徒弟哪些内容

此题是多选题。选择“职业道德”和“职业技能”的都是 5 人，都占

100%；选择“就业指导”的3人，占60%；选择“生活指导”的4人，占80%。这道题师傅的结果，与学生群体有所出入，职业道德与职业技能是师徒双方都认可的学习内容；不同的在于，学徒群体多数认为不需要生活指导，而多数的带徒师傅认为应该给予学徒生活指导，表明带徒师傅对于自身的职责认识非常清晰。

6. 您认为是否有必要举办一个传统的拜师仪式

认为“有必要”的2人，占40%；认为“无所谓”的3人，占60%。表明拜师仪式对师傅来讲并不是所有人都看重。

7. 您是否愿意与现代学徒制徒弟在工作之外也保持交往或联系

选择“非常愿意”的2人，占40%；选择“愿意”的3人，占60%。表明企业带徒师傅都愿意与学徒保持良好的沟通，这与学徒群体的选择也是一致的。

8. 您是否愿意安排很重要的工作任务给徒弟

选择“非常愿意”的1人，占20%；选择“愿意”的2人，占40%；选择“比较愿意”的2人，占40%。表明多数师傅是愿意放手让学徒承担重要工作，主要原因在于带徒师傅认为这种方式可以让学徒得到更快的成长，同时可以确认学徒是否学会了师傅所传授的技能。

9. 如果您不愿意带徒弟，从徒弟方面来看的主要原因是什么

此题是多选题。选择“无技能，带起来很累”的1人，占20%；选择“无礼仪礼貌，对师傅不够尊重”的2人，占40%；选择“徒弟不善言辞，沟通起来有困难”的4人，占80%。表明带徒师傅更加看重学徒的交流沟通能力；另外，师傅是否能够得到徒弟的尊重，也是影响师带徒积极性的一个重要因素。

10. 如果您不愿意带徒弟，从您个人方面来看的主要原因是什么

此题是多选题。选择“担心带不好”的5人，占100%；选择“个人不善与人沟通”的3人，占60%。表明带徒师傅都是很有责任心的人，对学徒负责、对工作负责。另外，师傅的交流沟通能力，也是影响良好师徒关系的一个重要因素。

11. 您对现代学徒制师徒之间建立友好关系的建议是什么

此题是开放题目。4名带徒师傅作答，主要建议归纳为：一是要加强师徒双方的交流沟通；二是师徒双方要互相关心、互相尊重。

四、调研综合分析

从以上学徒群体、师傅群体不同的分析来看，可以得出以下结论。

（1）参与现代学徒制项目的带徒师傅与学徒，对于现代学徒制的认可度、接受度都比较高，对于构建良好的师徒关系都有着同样的渴望。

（2）师徒双方对于某些问题有着共同的认识，如建立良师益友的师徒关系、双方的交流沟通能力、保持长期的联系等。师徒双方基于这些问题的共同认识，能够为构建融洽的师徒关系打下良好的基础。

（3）师徒双方也有一些小的分歧，例如，在认为导致师徒关系不融洽的原因上，学徒群体部分人选择了“企业缺乏相应的激励机制”，而师傅群体没有人选择这个答案，这可能是师徒双方的交流和沟通还不十分深入。这些认识上的小分歧，是师徒关系中不能忽视的因素，可以通过双方的交流沟通而解决。

（4）目前现代学徒制项目实施中，企业安排的带徒师傅，在经验、技能等级方面需要进一步提高，从而提高项目实施质量。

第八章　基于新型师徒关系的山东省现代学徒制创新实践

按照“试点前行、逐步推广”的原则，近年来，山东省认真贯彻落实教育部工作部署和要求，稳步推进现代学徒制试点工作，基于新型师徒关系的现代学徒制试点工作，呈现实施路径趋于完善、制度机制逐步健全、试点工作卓有成效。

第一节　政府推动政策引导现代学徒制试点

一、建章立制，搭建平台

（一）省级层面顶层设计

试点工作政策性强，山东省教育厅加强政策引导和制度建设。2014 年，起草《山东省职业院校现代学徒制试点工作实施方案》；2015 年，制定《山东省现代学徒制试点项目评选标准》；2016 年，起草《山东省第一批现代学徒制试点项目中期报告》，建设山东省职业教育现代学徒制共享服务中心，组建山东省职业院校现代学徒制试点联盟，启动《山东省现代学徒制试点理论与实践研究》课题研究。《山东省职业院校现代学徒制试点工作实施方案》结合山东省实际，明确了六项试点任务：探索校企协同育人机制，推进招生招工一体化，改革人才培养模式，建设校企互聘共用的师资队伍，完善体现现代学徒制特点的管理制度，建立多方参与的考核评价机制。

（二）学校层面创新实践

为保证试点工作的顺利开展，山东省各职业院校结合实际创新实践，尤其是在制度建设、机制建设等方面积极探索。一是构建完善的运行机制。各学校普遍成立了试点工作指导委员会，由行业专家、企业技术人员和学校专业教师组成，负责总体目标的构建。成立了现代学徒制领导小组，由院校、企业主要领导及相关部门负责人、骨干教师和企业技术人员组成的，负责制订试点项目建设目标，建立现代学徒制教学改革体系，建立通畅的沟通机制。二是建立了现代学徒制校企会商制度，部分学校探索建立成本分担机制，建立政府、学校、企业共同分担学徒培养成本的机制。全省试点院校共制订现代学徒制试点的教学文件 12 个、管理制度 17 个。

二、广泛参与，成效明显

（一）参与试点范围广泛

山东省启动了三批现代学徒制试点项目，据统计，试点院校有 68 所，其中高职 34 所，中职 34 所，涉及专业大类 13 个，参与学徒制试点学生共 6960 人，占在校生的 13.5%。学徒制试点项目的合作企业有 219 家，均属规模以上企业，其中有联想集团等 12 家世界 500 强企业,万华化学集团等 47 家中国 500 强企业。合作企业中，第一产业占比 2.7%，第二产业占比 38.4%，第三产业占比 58.9%。

（二）试点做法特色初现

省级层面建立了现代学徒制信息化管理系统，烟台、德州等地市，校企利用信息管理平台共同实施课程管理、评价课程实施效果和评估学徒培养绩效。试点中部分学校推行企业主导教学计划制订，根据企业生产的轻重缓急，避开生产忙季，有效利用企业生产设备和师傅等资源，开展学徒培养。管理模式上模拟企业运行的班级，如寿光职教中心模拟公司形式管理学徒制班，依照企业岗位建立班委，定期召开例会，导师列席。实施指纹考勤、7S 管理等企业管理模式。在评价机制上，建立师傅考核激励制度：由企业和学校对师傅履职情况进行考核，根据评分对师傅团队进行奖励，根据学徒质量对师傅个人进行奖励。

三、存在的问题与不足

（一）学徒培养规模偏大

全省试点项目共 104 个，培养学徒达 6960 名，平均每个项目需培养学徒 67

名。其中，高职试点项目 62 个，培养学徒 3720 名，平均 60 名；中职试点项目 42 个，培养学徒 3240 名，平均 77 名。

（二）管理还不够规范

试点项目还缺乏持久合作的运行保障机制，根据试点专业特点，尚未建立起较成熟的管理制度和运行机制，校企还未形成真正的“命运共同体”。

（三）参与各方的观念认知不统一

家长及学生希望学习更多文化知识，而非实践能力，多接受学校教育，而非到企业锻炼，担心参与学徒制，可能会沦为企业的廉价劳动力。职业院校希望通过校企合作，加强学生的实践能力，而企业要追求效益，担心可能会影响企业生产秩序。

第二节　创新实践山东科技职业学院特色学徒制模式

山东科技职业学院（以下简称学院）始建于 1978 年，隶属于山东省工业和信息化厅、教育厅，是国家示范性高职院校、国家优质校、国家“双高计划”建设单位。目前学院开设纺织服装、机械制造、建筑工程、生物与化学、信息工程、汽车工程等 11 个专业群共 51 个专业，全日制在校生 18500 人，培养了各类技能型人才 7 万多名，学生在中车、一汽等大型国企就业率高，学院被称为“山东制造企业工匠人才培养摇篮”。

学院是教育部首批现代学徒制试点单位、全国职业院校数字化校园实验校、山东省首批信息化示范单位、山东省文明单位，入选“教育部教学管理”“教育部学生管理 50 强”，2018 年博士后创新实践基地评为山东省博士后创新实践基地，先后被授予“国家技能人才培育工作突出贡献单位”“全省职业教育先进集体”、全国“工人先锋号”等荣誉称号。

一、构建三级现代学徒制试点体系

学院鼓励具备基础和条件的专业积极开展现代学徒制试点，使现代学徒制成为校企合作培养技术技能人才的重要形式。2015 年 8 月，山东科技职业学院被教育部办公厅批准为首批现代学徒制试点单位，计算机应用技术（联想 IT 服务管理）、机械制造与自动化以及服装制版与工艺专业成为首批试点专业；同年，计算机应用技术（联想 IT 服务管理）被确定为山东省首批职业院校现代学徒制试点企业。2016 年，机械制造与自动化专业确定为山东省第二批职业院校现代学徒制试点专业；2017 年，机电一体化技术专业确定为山东省第三批职业院校现代学徒制试点专业；2018 年，服装设计与工艺专业确定为山东省第四批职业院校现代学徒制试点专业。2019 年，数字媒体应用技术专业被确定为山东省职业教育现代学徒制项目。截至目前，学院已建有国家级试点专业 3 个、省级试点项目 5 个、校级项目 6 个，建成现代学徒制特色学院 2 个，794 名学生实施了现代学徒制人才培养模式，初步形成现代学徒制国家教育部、省教育厅和学校三级试点体系。现代学徒制试点专业信息见表 8–1。

表 8–1　教育部、省教育厅、学校三级现代学徒制试点信息一览表

<table>
<tr><th>序号</th><th>立项年份</th><th>项目名称</th><th>授予部门</th><th>合作企业</th><th>试点人数合计（名）</th></tr>
<tr><td>1</td><td>2015</td><td>教育部首批现代学徒制试点项目建设专业：服装制版与工艺</td><td rowspan="2">教育部
财政部</td><td>鲁泰纺织股份有限公司</td><td>86</td></tr>
<tr><td>2</td><td>2015</td><td>教育部首批现代学徒制试点单位建设专业：计算机应用技术</td><td>联想（北京）有限公司</td><td rowspan="2">203</td></tr>
<tr><td>3</td><td>2015</td><td>山东省首批职业院校现代学徒制试点项目建设专业：计算机应用技术</td><td>教育厅
财政厅
经信委</td><td>联想（北京）有限公司</td></tr>
<tr><td>4</td><td>2015</td><td>教育部首批现代学徒制试点项目建设专业：机械制造与自动化</td><td>教育部
财政部</td><td>歌尔股份有限公司</td><td rowspan="2">162</td></tr>
<tr><td>5</td><td>2016</td><td>山东省第二批职业院校现代学徒制试点项目建设专业：机械制造与自动化</td><td>教育厅
财政厅
经信委</td><td>歌尔股份有限公司</td></tr>
<tr><td>6</td><td>2017</td><td>山东省第三批职业院校现代学徒制试点项目建设专业：机电一体化技术</td><td>教育厅
财政厅
经信委</td><td>山东豪迈机械科技股份有限公司</td><td>79</td></tr>
</table>

续表

序号	立项年份	项目名称	授予部门	合作企业	试点人数合计（名）
7	2018	山东省第四批职业院校现代学徒制试点项目建设专业：服装设计与工艺	教育厅 财政厅 经信委	鲁泰纺织股份有限公司	18
8	2019	山东省职业院校现代学徒制项目建设专业：数字媒体艺术设计	教育厅 财政厅 经信委	山东星科智能科技股份有限公司	38
9	2018	物流管理	校级	北京京东世纪贸易有限公司	42
10	2018	汽车检测与维修技术	校级	一汽大众汽车有限公司青岛分公司	40
11	2018	药品生物技术	校级	齐鲁制药有限公司	28
12	2018	建筑工程技术	校级	山东万斯达建筑科技股份有限公司	35
13	2018	商务英语（校企合作，亚伟速录）	校级	山东亚伟速录科技有限公司	25
14	2018	软件技术专业试点项目	校级	文思海辉技术有限公司	38
合计					794

二、创新实践山东科技职业学院特色学徒制模式

学院根据现代学徒制项目的总体目标，围绕现代学徒制试点任务要求，坚持服务发展、就业导向、岗位培养，尤其是在管理制度及相关标准制订、企业遴选、招生招工一体化、现代学徒制特色的人才培养模式改革、校企互聘共用的师资队伍培养等方面，逐步形成了具有学院特色的现代学徒制模式。

（一）创新机制，搭建平台，完善协同育人体制

1. 与高端企业合作

制订与高端企业合作的遴选标准，搭建大国工匠人才培养平台。山东科技职业学院计算机应用技术专业、机械制造与自动化专业、服装设计与工艺专业与校外紧密联系的大型优质教学基地共30余家。2015年教育部首批现代学徒制试点，学院遴选了联想（北京）有限公司、歌尔股份有限公司、鲁泰纺织股份有限公司作为现代学徒制试点的合作企业。在省级现代学徒制项目实施中，遴选山东豪迈机械科技股份有限公司、山东星科智能科技股份有限公司等单位作为现代学徒制实施的合作企业。所遴选的合作企业都是与学院合作多年的企业，具有共同的特点：一是均为上市公司，科技发展水平高，属于教育型企业，有完善的企业内部培训体系，拥有充足的教育教学资源，企业内部本身具有完备的课程和实训模块、训练包，认证体系完整；二是企业生产设备设施与技术工艺水平高，在同行业中具有一定代表性和影响力，引领行业技术发展标准；三是企业文化先进，乐于承担社会责任。企业积极参与职业教育建设，在育人、互聘共享的师资队伍建设、专业课程开发、社会培训、技术研发等方面积极与学院开展合作，为现代学徒制“工匠型”人才培养提供了有力保障。例如，歌尔股份有限公司拥有歌尔管理学院，具有完善的岗位培训管理系统，为现代学徒制的实施提供了保障。

2. 加强组织机构建设

学院成立了现代学徒制教学指导委员会、校企合作委员会，负责现代学徒制试点项目的实施管理和监控。学院与每个现代学徒制实施专业联合培养企业签订现代学徒制合作实施协议，就校企双方在招生招工一体化、人才培养方案的制订、现代学徒制人才培养模式实施、师资队伍互聘共用共享机制的激励机制、校企人才培养成本分担机制、学徒（学生）评价的考核机制等方面，明确了校企双方职责分工。推进校企紧密合作、协同育人，完善校企联合招生、分段育人、多方参与评价的考核机制。

3. 组建特色职教集团

以开展现代学徒制为纽带，学院与鲁泰纺织股份有限公司成立现代学徒制特色鲁泰学院、与歌尔股份有限公司成立歌尔学院，“政行校企”联合组建山东

省智能制造职教集团（图 8-1），整合资源，完善现有职教集团的治理结构、发展机制，逐步扩大学院其他专业参与学徒制试点的数量，促进学院职业教育和行业企业有机融合。探索人才培养成本分担机制，统筹利用好校内实训场所、公共实训中心和企业实习岗位等教学资源，充分利用好国家在企业参与职业教育方面的政策，提高企业参与合作培养的积极性，形成企业与职业院校联合开展现代学徒制的长效机制。

图 8-1　职教集团与特色学院成立

（二）校企联合，多措并举，全面推进招生招工一体化

1. 制订实施招生招工一体化方案

学院与鲁泰纺织股份有限公司制订了《关于开展现代学徒制联合招生培养的协议》，完善了学院招生和企业用工一体化的招生招工制度，推进校企共同研制、实施招生招工方案，与合作企业共同进行招生宣传与招生录取工作，组建现代学徒制试点班级。

2. 校企积极探索招生招工一体化的实施形式

根据山东省招生政策和学院具体情况，通过以下两种形式实现了招生招工一体化。

一是机械制造与自动化试点专业、服装设计与工艺专业采用招生招工同步方式。校企共同确定招生名额，在招生时加强宣传，并列入单独招生计划。企业人员全程参与单独招生计划设定、技能测试方案制定、专业技能试题命题和招生考试面试工作，校企双方根据企业岗位按照现代学徒制特点共同参与单独招生。

二是计算机应用技术专业试点专业，采用先招生后招工的方式组建现代学徒制班，签订三方协议，明确三方的职责、权利和义务。

（三）制度先行，规范引路，完善人才培养制度和标准建设

为全面推进现代学徒制实施，根据国家、省现代学徒制的文件精神，结合学院实际，出台《山东科技职业学院现代学徒制试点工作实施方案》《山东科技职业学院人才培养方案指导意见》《山东科技职业学院现代学徒制企业遴选标准》《山东科技职业学院现代学徒制师傅遴选标准》等适合现代学徒制培养系列管理制度，见表8-2。承担现代学徒制的试点专业的各个系部，根据专业特点以及合作企业的具体要求，建立起适合校、企、学生的一系列管理制度，逐步完善了现代学徒制制度和标准体系。

表8-2 部分现代学徒制管理制度

序号	办法、制度名称
1	《山东科技职业学院现代学徒制试点工作实施方案》
2	《山东科技职业学院现代学徒制试点项目管理办法》
3	《山东科技职业学院现代学徒制教学管理实施办法》
4	《山东科技职业学院专项资金管理办法》
5	《山东科技职业学院关于现代学徒制校企合作人才培养实施成本分担指导意见》
6	《山东科技职业学院现代学徒制企业遴选标准》
7	《山东科技职业学院现代学徒制试点项目建设专项资金使用管理办法》
8	《山东科技职业学院现代学徒制“双导师”遴选及管理办法》
9	《山东科技职业学院现代学徒人才培养制质量监控与管理实施方案》
10	《山东科技职业学院现代学徒制项目推进管理办法》
11	《山东科技职业学院现代学徒制学生（学徒）岗位学习管理制度》
12	《山东科技职业学院现代学徒制学徒岗位考核制度》
13	《山东科技职业学院现代学徒制专业教学标准编制指导意见》
……	……

（四）立德树人，岗位成才，创新实施现代学徒制特色人才培养模式

1. 优化“五位一体”人才培养体系

学院坚持立德树人、德技并修育人理念，围绕学生“有就业能力、有生活品质、

有发展潜能”的人才培养定位，围绕品德、知识、能力、素质、创新创业五个维度，重构以“知识传授、技能训练、创新实践、素质养成、价值积累”五位一体人才培养体系，每个维度均按“培养内容＋培养方式”进行设计。“五位一体”人才培养体系框架如图 8–2 所示。

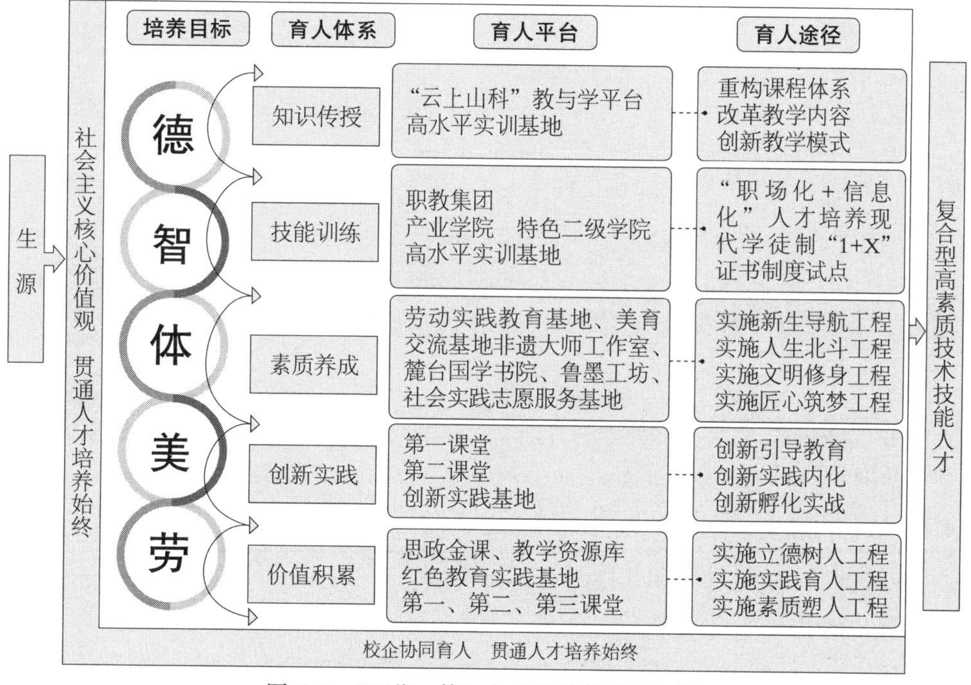

图 8–2　“五位一体”人才培养体系框架图

学院深化以培养适应市场需求的职业人才为目标，利用职场环境和资源，按照职场要求，产教共同设计与实施人才培养的新型产学研结合的职场化育人模式，实施教学内容对接职业标准和生产实际；教学过程对接生产过程，教师承担的科研项目、任务、产品进课堂、进教材；素质教育对接职业道德、职业素养，探索实施提高人才培养质量的途径，持续深化和完善“双主体”育人、现代学徒制、订单培养、特色二级学院等校企协同育人模式，完善职场化育人评价标准，提高育人质量。

学院校企合作持续深入，工学结合人才培养改革经历了“职场化教学”主导的产学研结合人才培养模式、后示范的“职场化”人才培养模式、产教深度融合的“双主体”人才培养模式，为现代学徒制人才培养模式的深入实施提供了保障。

2. 创新实施现代学徒制特色人才培养模式

在现代学徒制试点过程中，各个专业根据自身特点，创新实施人才培养模式，取得了显著效果。

（1）计算机应用技术专业。通过深化“校企双元、项目载体”人才培养模式，引入企业项目到学院，企业工程师与学院教师、在校学生共同完成项目开发，进而转化为教学项目，实施项目化教学，强化综合实训教学环节，保证了教学理论与实践有机融合，合力培养“T型”发展型、复合型、创新型技术技能人才。试点过程中创新实施“2345”现代学徒制人才培养模式，如图 8–3 所示。该模式被遴选为 2016 年中国高职高专教育网全国高职高专校长联席会议典型案例。

图 8–3 “2345”人才培养模式

（2）机械制造与自动化专业。创新实施“四阶段、双导师”的工学交替人才培养模式。校企深入探索实践“四阶段、双导师”的工学交替人才培养的新模式，通过学校与企业联合进行理论教育与实践训练，形成了企业文化教育进校园，学校课程进企业，校企双方共同建立基础技能训练、岗位认知、轮岗训练和岗位实践的四段式实践教学体系，学校安排指导教师、企业安排专门师傅对学生进行指导，校企双方共同实施学生评价，实现了学校教育与企业培养相衔接的人才培养新模式。该模式的良好实施也为学校优质校建设中的现代制造专业群形成“大师引领，四段递进”的人才培养模式打下了基础，如图 8–4 所示。

（3）服装制版与工艺专业。实施“产学研结合，职场化育人”人才培养模式。服装制版与工艺专业与鲁泰纺织股份有限公司合作，与企业共同研究确定现代学徒制人才培养模式，制订人才培养方案，确定相应的教学内容和合作形式，改革教学质量评价标准和学生考核办法，将学生工作业绩和师傅评价纳入学生学业评价标准。教学方案制订流程如图 8–5 所示。

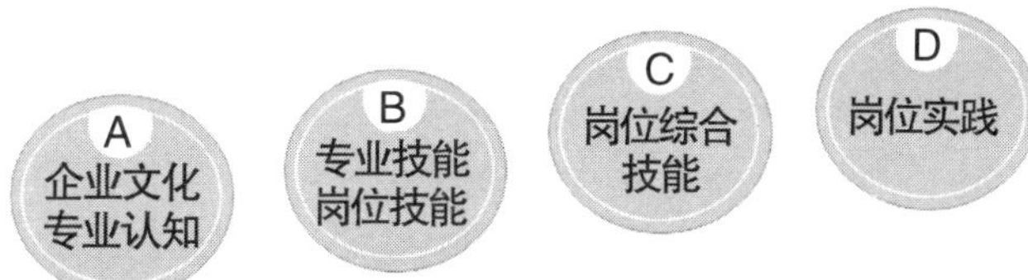

安全规范 职业道德 职业文化 学习能力 创新能力 团队合作 质量意识

校外模块	企业文化	职场认知	轮岗实践 员工培训课程 UG、模具设计课	岗位实践 员工培训 课程	双导师团队
校内模块	公共基础课 专业基础课 专业认知实训课	专业基础课 专业核心课 专业技能实训课	专业拓展课	毕业设计	
学期	第1~2学期	第3~4学期	第5学期	第6学期	

图 8-4 “四阶段、双导师”工学交替人才培养模式

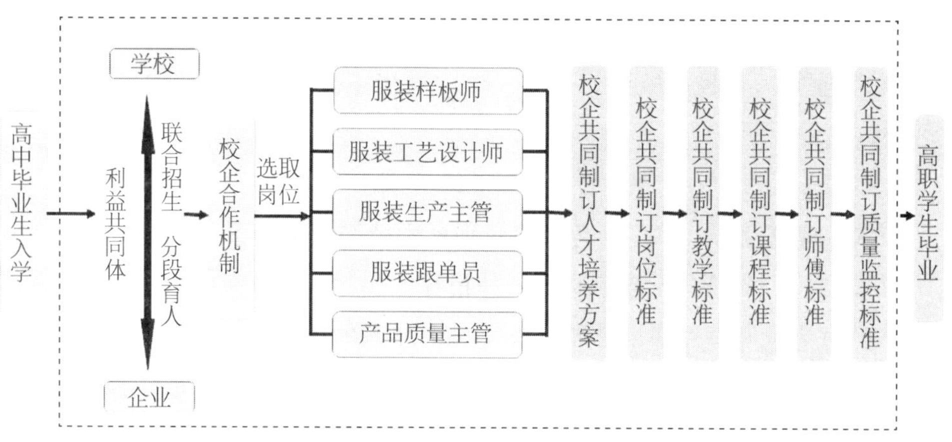

图 8-5 服装制版与工艺专业教学方案制订流程图

（五）互聘共享，共同培养，打造“双师型”专业师资队伍

校企构建了双导师培训体系，形成校企互聘共用的管理机制。校企共建师资队伍是现代学徒制试点工作的重要任务。校企建立健全双导师的选拔、培养、考核、激励制度，形成校企互聘共用的管理机制。

按照企业师傅的标准，合作企业选拔优秀技术技能人才担任学徒师傅，学院支持专业教师到合作企业进行挂职实践，参与企业的生产与技术服务，通过校企双方优势互补，师资队伍实现共建共享。

学院教师在企业挂职，增强实践经验，企业员工承担教学任务，提高理论基础，教学即工作，工作即教学，二者达到有效统一。

企业选派一线管理人员和技术工程师对学生进行集中培训，将企业要求和文化直接传授给学生。计算机应用技术（联想 IT 服务管理）专业为保证现代学徒制试点专业人才培养质量，要求校企合作的所有相关教师都必须经过联想的师资培训，考取相应的资格证书，考试合格的才能够持证上岗。同时，企业还为院校教师提供挂职锻炼平台，通过企业实践，将专业教师培养成“行业人”，能够准确把握行业发展方向，及时将产业领域最新技术、理念、项目带入课堂,形成“双师型”教师持续培养良性发展机制,提升教师核心职业能力。其中计算机应用技术专业近三年试点项目组四名教师先后成为联想认证讲师，申报省级纵向科研项目 3 项，发表论文 10 篇；主持横向科研与社会服务项目 5 项。

通过院校教师到企业实践，企业师傅到院校教实践课等措施，提升了教师核心职业能力，校企共同打造了一支“适应学徒制要求的双师型”专业教学团队。

（六）规范完善，体现特色，完善现代学徒制制度体系

根据国家、省现代学徒制相关文件精神，结合学校自身特色，学校先后印发了《现代学徒制试点项目管理办法》《现代学徒制试点项目教学管理办法》等制度，强调在多部门协作与联动、行业（企业）共同参与下，通过不断完善学徒培养的招生招工制度、管理制度、培训体系、教学标准、质量评估体系及相关标准，推进专兼结合、校企互聘的“双导师”师资队伍建设，建立健全现代学徒制的支持政策和配套措施。各试点学院根据专业特点与合作企业的岗位要求，在合作共赢的基础上，建立适合学校、企业、学生三方需求的系列制度。逐步形成了政府指导、行业参与、企业和职业院校双主体育人的现代学徒制人才培养新机制。

1. 成立校企专业教学指导委员会

负责学徒制教学管理运行及监控。审核确定人才培养方案、课程设置及教学任务选择、教学方式的创新、学生学业的评价等；负责遴选优秀的技术骨干担任学生的导师（师傅）；研究学徒制试点中的新动向、新问题，保障试点工作有序进行。

2. 建立健全各项教学管理标准

融合国家职业资格标准，按照企业岗位要求，共同制订课程标准、教学工作标准、培训标准、职业标准、岗位标准、安全生产操作规程和考核标准以及企业导师（师傅）管理制度、学徒实习管理制度、学生个人实习档案管理制度、企业导师（师傅）遴选制度等，并且严格按照标准和制度进行规范管理。

3. 双方建立健全合作培养相关制度

《企业用工三方协议》《师带徒协议》《指导教师工作职责》《带徒师傅工作职责》《校企定期会议制度》《指导教师绩效管理办法》《学徒管理制度》《校企双方评价办法》和《学徒转正办法》等管理体系，保障学徒的基本权益。

4. 遴选学徒制岗位，保障学徒制试点岗位的“现代”和“高端”

现代学徒制岗位遴选，根据校企共建人才培养方案的要求，坚持德育为先、能力为重，选择技术技能型岗位，体现学徒制试点岗位的“现代”和“高端”，按照“学生→学徒→准员工→员工”“四位一体”的人才培养路径，以人才培养目标为统领，以企业用人需求与岗位资格标准为导向，校企共同为学徒制学生遴选并确定初选岗位、拓展岗位等岗位渐进的出徒标准。

5. 完善制订现代学徒制试点项目教学管理制度

建立健全与现代学徒制相适应的轮岗实习管理制度，制订学分制管理办法和弹性学制管理办法，完善学生轮岗实习管理办法，完善学生轮岗教学方案设计。初步建立学生企业学徒期间巡查机制,校企共同实施学徒期间实习质量管理，规划试点专业信息交流平台，制订信息化管理平台的学徒日常管理办法。

三、现代学徒制培养了大批工匠型人才

通过实施现代学徒制，学徒到企业进行阶段性的轮岗学习，较早接触新技术、新技能，推动了学生身份的快速转变，使学徒时时刻刻都能以双重身份（学

生、“准员工”）来严格要求自己，使学徒的操作技能更快适应企业岗位技术技能的要求。

（一）学徒成为企业满意的工匠型人才

通过学徒制试点合作企业调研，企业对学徒的思想道德素质、职业道德、工作态度、动手操作能力、学习和创新能力、团队协作能力、人际沟通能力、组织管理能力以及后期发展潜力的平均满意度达到98.25%。

（二）学生考取证书通过率明显提高

计算机应用技术专业现代学徒制试点班学徒LCRE、LCPE、LCSE考取证书通过率达97%，相比非学徒制班级高达15个百分点。

（三）学生的技术技能水平得到显著提升

试点专业学生在技能大赛国赛和省赛中获得佳绩，如2015年获得山东省“紫藤杯”移动应用开发创新创业大赛三等奖，2016年获得山东省电子工艺大赛二等奖，2016年、2017年均获得山东省职业院校技能大赛电子产品芯片检测维修与数据恢复赛项一等奖，2017年获得全国职业院校技能大赛电子产品芯片检测维修与数据恢复赛项二等奖。在2017年全国职业院校技能大赛中，服装设计与工艺专业学徒制学生获得两个一等奖。

第三节　与联想（北京）有限公司开展现代学徒制

2015年，山东科技职业学院计算机应用技术专业与联想（北京）有限公司（以下简称联想）联合成功申报教育部、山东省首批现代学徒制试点工作，经过三年建设，学院与联想（北京）有限公司按照任务书要求，完成了现代学徒制试点项目的各项任务指标。在校企协同育人体制机制建设、招生招工一体化、校企共同承担人才培养模式改革、校企共同开发课程与实训项目、校企共同组建师资队伍建设、校企共同参与制订教学管理与运行机制、多方参与考核评价机制等七个方面进行了深入探索和实施，取得了系列成果。

一、建立校企协同育人机制

（一）制订企业遴选标准，搭建校企协同育人平台

为进一步做好现代学徒制试点工作，贯彻落实《教育部关于开展现代学徒制试点工作的意见》文件精神，学院制订了现代学徒制合作企业的遴选标准，并邀请专家进行学徒制专题讲座，为成功开展现代学徒制试点做好了前期准备。

学院自 2009 年与联想签订校企共建专业战略合作协议，实行订单式人才培养模式，校企共同培养 IT 服务管理人才，服务联想体系；2015 年学院与联想进一步密切合作，签订了《实施现代学徒制项目合作实施协议》，就校企双方在招生招工一体化、人才培养方案的制订、现代学徒制人才培养模式实施、师资队伍互聘共用共享机制的激励机制、校企人才培养成本分担机制、学徒（学生）评价的考核机制等方面进行了规定，明确了校企双方职责分工。

（二）成立学徒制教学指导委员会，完善组织机构

山东科技职业学院成立了现代学徒制教学指导委员会、校企合作委员会，负责现代学徒制试点项目的实施管理和监控；成立了系部和企业层面计算机应用技术（联想 IT 服务与管理）教学指导委员会和试点项目办公室，定期会商和解决有关试点工作重大问题，并且根据双方人员工作调整及时动态调整完善成员情况，落实跟进各项工作，确保项目顺利实施。

（三）制定试点专业学徒制系列制度和标准，完善制度建设

依据学院制定的《山东科技职业学院现代学徒制教学管理实施办法》《山东科技职业学院现代学徒人才培养制质量监控与管理实施方案》《山东科技职业学院专项资金管理办法》《山东科技职业学院现代学徒制项目推进管理办法》等办法结合试点专业学徒制特点，制定《计算机应用技术专业联想现代学徒制试点项目学徒实施方案》《岗位标准》《师傅标准》《出徒标准》《质量监控标准》《试点专业教学指导委员会工作制度》《校企学徒制工作机构职责与制度》《试点专业建设管理办法》《试点专业考核制度》《专业建设管理办法》《校企合作企业遴选办法》《校企联合办学合作条例》《校企人员交流实施办法》《教师企业顶岗管

理办法》等系列制度和标准，保障现代学徒制试点工作的顺利实施。

二、探索实践校企招生招工一体化

2015 年，学院与联想共同制订招生招工一体化方案，联合开展实施招生招工，在招生过程中，企业师傅参与学院招生的全过程，规范学院招生录取和企业用工程序，明确学徒的职业院校学生和企业员工双重身份，首届学徒制试点班共招生 47 人。以联想服务体系就业为主体，按照其职业能力要求实行订单式培养。通过实施招生招工一体化，解决了企业转型升级中人才的选、育、用、留等问题，为人力资源储备和管理打下了坚实的基础。截至目前，计算机应用技术专业现代学徒制班已累计组建 4 届，其中，培养 2015 级 55 人，2016 级 46 人，2017 级 40 人，2018 级 62 人，合计 203 名学徒（学生）。

（1）入班测试。校企共同开展企业文化宣讲、招生宣传、学生自愿报名等方式，并且校企共同遴选学员进行入班测试。

（2）入班面试。学校老师和企业师傅共同组成面试专家，对报名学生进行入班面试。

（3）组建班级。按照“学生→学徒→准员工→员工”“四位一体”的人才培养路径，以企业用人需求与岗位资格标准为导向，以学生（学徒）技能培养为核心，本着“学生自愿，企业选拔”的原则，成建制组建学徒制试点班。

（4）签订三方协议。班级成立之后，根据培养需要和责任分工，学校、企业、学生共同签署三方协议。

（5）签署师徒协议。根据《现代学徒制试点工作实施方案》，企业为甲方，学生为乙方，乙方学生由学校和企业派遣跟随甲方学习岗位技能，甲方同意接收乙方。双方协商一致的基础上达成协议，供甲、乙双方共同遵守。

三、创新实施“2345”现代学徒制人才培养模式

按照现代学徒制试点工作方案要求，先行先试，培养过程中以学生技术技能培养为核心，以校企深度合作和教师、师傅联合传授为支撑，全面提升学生的技术技能和职业素养。2016 年，教学指导委员会从双师傅建设、职业素养课程建设、校企双主体育人以及整个学徒制试点过程总结凝练了“2345”现代学

徒制人才培养模式，并开始实施。

（1）“2”是指双师傅，按照双向选择原则，每名学徒配备两名师傅。第一师傅，主要培养学生的技术技能，面向技术就业方向；第二师傅，主要培养学生的管理技能，面向管理类就业方向。学徒根据自己的就业意向有所倾斜选择师傅。

（2）“3”是指职业素养课程三进阶，分为唤醒、养成、助行三个阶段，如图 8-6 所示。企业文化进课堂，由企业师傅主讲。

① 唤醒。新生入学阶段由企业师傅在校内完成授课（企业文化、生涯规划、时间管理等课程），旨在使学生体验企业文化、针对新生植入正确成长观、消除负面情绪、激发学习兴趣以及提高学习主动性。

② 养成。每学期每周开设两节职业素养实践课程，教学模式区别于唤醒和助行阶段，授课形式灵活多样，除课堂授课形式外，还采取讲座、论坛、在线课堂、视频观看、虚拟教室和情景模拟等授课方式，将职业素养训练嵌入日常教学活动、学生工作中，使学生养成良好的行为习惯。

③ 助行。顶岗实习前由企业师傅在校内完成就业指导授课，从职业沟通技巧、商务礼仪、目标管理和问题解决等方面给予指导，协助学徒迈好踏入职场的第一步，适应由成长任务到工作任务，由学校环境到工作环境，由自我约束到绩效约束的转变。

图 8-6　职业素养课程三进阶示意图

（3）“4”是指“四深入”。在人才培养的全过程中，充分发挥企业育人主体作用，实施企业讲师深入课堂、企业案例深入课程、学徒学习深入企业、企业生产项目与服务深入校园，如图 8-7 所示。课程设置更加贴近行业及生产岗位的需要，课程内容更加贴近生产实际的需要，教学方法更加符合职业教育的特点及学生实际的需要。

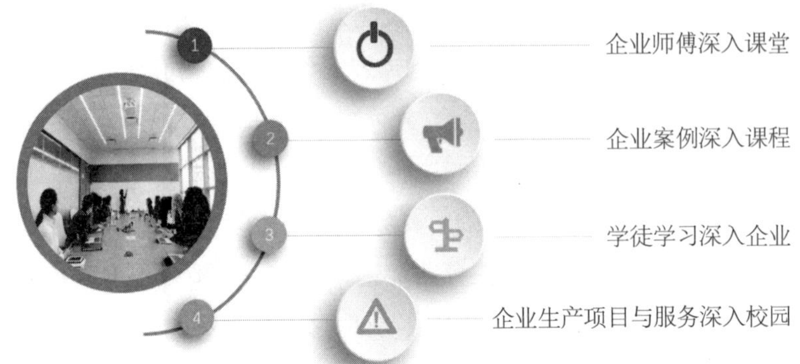

图 8-7　四深入示意图

（4）“5”是指“五共同”。在学徒制整个试点过程中，校企共同研制人才培养方案，共同开发职业能力课程体系，共同设计实践教学体系，共同建立教学运行体系，如图 8-8 所示。实施过程管理，共同建立质量监控与评价体系，实施考核评价，切实提升学生岗位技能，提高学生就业的专业对口率。

图 8-8　“五共同”示意图

四、校企共同构建以“职业能力培养”为主线的课程体系

（一）构建课程体系

根据企业标准，结合学徒岗位技能标准，细化岗位任务，校企双方共同设计“基于典型工作过程，符合工作岗位能力标准”的课程体系和教学计划。构建基于联想服务器工程师认证标准和岗位能力模型的现代学徒制课程体系。学

校课程主要为公共基础课，培养学生的人文素养以及可持续发展能力，由校内老师完成授课；企业课程主要为核心课程，培养学生的核心岗位能力，构建基于工作过程的课程体系，如图 8–9 所示。

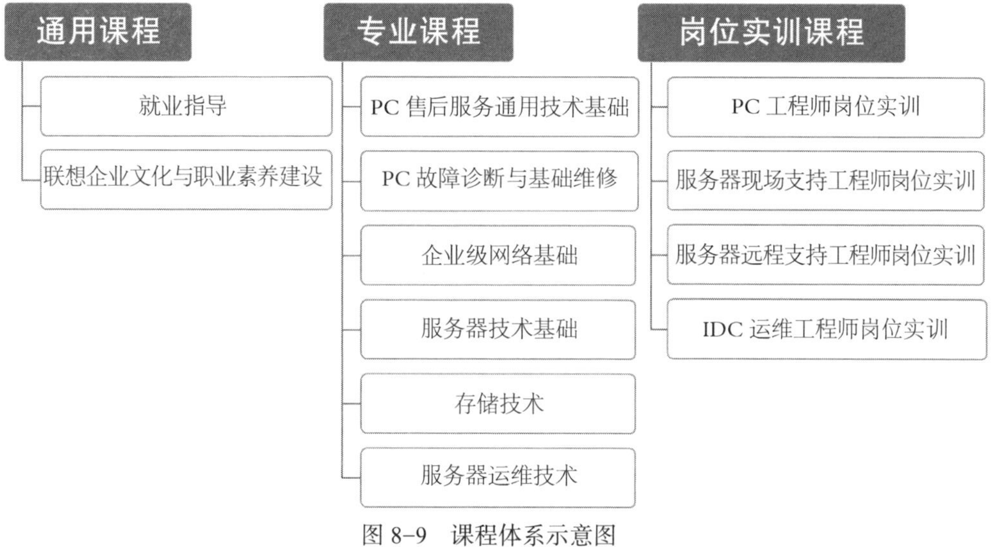

图 8–9　课程体系示意图

（二）开发学徒制校本教材

基于岗位群（IT 工程师、桌面技术支持工程师、PC 支持工程师、现场技术工程师、技术支援中心工程师等），融入专业教学标准、职业技能标准和职业资格标准开发学徒制校本教材。学院与联想共同建设的专业核心课程有 CompTIA A+ 专业认证、IT 设备管理与维护、服务器维修维护等 8 门课，校企共同论证，使课程的授课体现 IDC 技术支持岗位工作过程的，可实施教、学、做一体化的项目课程。同时校企共同开发了适用于学徒制实施的职业素质教材，如《联想企业文化与职业素养建设实训》《联想通用维修方法》《联想 LCSE 岗位技能课程》《联想 LCSE 岗位技术课程》《联想 LCPE 岗位技术课程——外部设备维修与维护》《联想 LCPE 岗位技术课程——软件应用与调试》《联想 LCRE 岗位技能课程》《联想 LCPE 岗位技能课程》等。教学内容涵盖了联想及联想服务介绍、职业生涯规划、商务礼仪、面试技巧、PC 维修技术规范、维修工具和 PC 通用维修方法等内容。从 2018 级学徒制开始，根据 IT 产业发展需求，通过调研联想就业体系合作伙伴岗位需求，在桌面运维的基础上开设云运维方向，并且开始开发云运维岗位方向校本教材。

（三）共建“教学做一体化”的校内外实训基地

企业深度参与人才培养过程，与学院共同开展人才培养模式的设计与实施，按照专业人才培养方案要求和技术技能的养成规律，共同完成实践教学，校企共同建立符合 IT 服务行业新型职业技术人才培养模式的实训室。校企联合建设了联想 3C 综合实训室和电子产品芯片级检测维修与数据恢复实训室，每个实训室设工位 40 个，能够提供计算机维修、数据恢复、芯片维修等满足学徒制岗位标准的实训技能。联想提供优秀的 LCXE 初级工程师在岗培训认证体系课程和讲师认证的支持，学院提供相应的硬件设备、讲师等。实训室建设模拟联想服务站布局，让学生从入班开始就感受到真实的工作氛围。真实采用联想阳光服务规范管理，让学生承接校内办公机器的维修，通过实际操作锻炼服务能力和技术水平。

（四）开发实训项目

对接岗位标准、出徒标准等，校企共同开发了 PC 维修维护、手机与 PC 外设和服务器维修维护等课程以及 LCSE、LCRE、LCPE 的实训项目任务书、指导书和实训项目报告，见表 8–3 ~ 表 8–5。

表 8–3　LCSE 实训项目课程规划

课程名称	课程简介	讲授课时	演练课时	总课时数
联想职业能力建设	联想及联想服务介绍	4		40
	积极心态与自我认知	8	8	
	职业生涯规划	4	4	
	形象与礼仪	4	8	
联想职业素养建设	团队合作共赢	8	8	40
	赢得客户满意的沟通技巧	8	8	
	成功面试	4	4	

续表

课程名称	课程简介	讲授课时	演练课时	总课时数
联想 LCSE 岗位技术课程	联想机型概述	4		80
	服务知识库使用方法	4	4	
	一键恢复 & 应急与恢复系统	8	8	
	Lenovo 预装系统	8	12	
	联想硬盘保护软件	8	16	
	联想 idea 机型常见案例	8		
联想 LCSE 岗位技能课程	联想服务业务运作介绍	2		80
	联想 PC 服务政策基础	6	8	
	增值销售基础	8	8	
	服务规范 5.0 校企版	16	16	
	联想服务案例	8	8	
联想通用维修方法	PC 维修规范	8		40
	维修工具	8		
	PC 通用维修方法	8		
	机器拆装指导	16		

表 8-4　LCRE 实训项目课程规划

课程名称	课程简介	讲授课时	演练课时	总课时数
联想 LCRE 岗位技能课程	呼叫中心行业介绍	4		80
	如何处理反对意见	2		
	录音分析	4		
	普通话及方言			
	呼叫流程及电话在线沟通技巧	10	8	
	模拟接线		40	
	电话营销技巧	4	4	
	网络营销介绍	4		

表 8-5　LCPE 实训项目课程规划

课程名称	课程简介	讲授课时	演练课时	总课时数
联想 LCPE 岗位技术课程——外部设备维修与维护	服务器及存储	4		40
	通信、电子与安防	4		
	打印机、复印机原理及维护	4	16	
	扫描仪原理及维护	2	4	
	投影仪原理及维护	2	4	
联想 LCPE 岗位技术课程——软件应用与调试	GHOST	2	2	40
	Lotus Notes	4	4	
	病毒防护	4	4	
	浏览器与安全	4	4	
	邮件系统	4	4	
	远程协助工具	2	2	
联想 LCPE 岗位技能课程	MS 服务入门——服务特点及能力要求	4		31
	有效沟通及危机处理	4	4	
	MS 服务规范	8	11	

五、打造专兼结合、双师结构合理的高水平“双导师”队伍

（一）制订企业师傅遴选标准，完善双导师制

学校企业共同制订企业师傅标准，初步建立企业师傅人才库。根据师傅标准，在企业推荐基础上，经校企双方共同研究决定，聘任实践经验丰富、理论水平较高、善于讲授的技术工程师、企业管理人员担任山东科技职业学院现代学徒制班师傅，聘任期一般为三年。企业师傅的聘书由校企双方共同颁发。同时，学院与联想共同构建双导师培训师体系，形成校企互聘共用的管理机制。建立健全双导师的选拔、培养、考核、激励制度，形成校企互聘共用的管理机制。

（二）举行拜师仪式

确定师傅之后，校企共同举办隆重的拜师仪式，仪式上解读学徒制试点实

施方案并介绍相关政策，宣读学院现代学徒制试点师傅聘任决定，依次进行颁发聘书、拜师仪式、师傅代表发言、学生代表发言、集体合影和师傅徒弟交流等流程。

（三）专业教师参与企业培训

利用寒暑假时间，派遣专业教师到企业学习，参加联想讲师、联想班主任等企业培训，提升教师专业课程技能和班级管理能力。近四年试点项目组共有四名教师先后成为联想认证讲师。

（四）双导师共同负责专班管理与考核

联想工程师作为驻场工程师长期进驻联想专班，与专班指导老师、系部辅导员一同负责专班日常管理和学生考核工作。通过院校教师到企业实践，企业师傅到院校实践等措施，提升了教师核心职业能力，校企共同打造了一支专兼结合、双师结构合理的高水平“双导师”队伍。

六、校企共同制订教学管理与运行机制

（一）成立试点专业教学指导委员会

由校企双方共同组建现代学徒制教学指导委员会，具体负责审核确定人才培养方案、课程设置及教学任务选择、教学模式的创新、学生学业的评价等；负责遴选优秀的技术骨干担任学生的导师（师傅）；学徒制教学管理运行及监控；研究学徒制试点中的新动向、新问题，保障试点工作有序进行。

为保障教学管理运行，指导委员会完善制度建设，校企双方共同制定《试点专业教学指导委员会工作制度》《校企学徒制工作机构职责与制度》《试点专业建设管理办法》《试点专业考核制度》《校企合作企业遴选办法》《校企联合办学合作条例》《校企人员交流实施办法》《教师企业顶岗管理办法》。

（二）建立健全各项教学管理标准

融合国家职业资格标准，按照企业岗位要求，共同制订课程标准、教学工作标准、培训标准、职业标准、岗位标准、安全生产操作规程和考核标准、企

业导师（师傅）标准以及出徒标准等（表8–6、表8–7），并且严格按照标准进行规范管理。

表8–6　各类型师傅标准

师傅标准	标准
技能类	获得联想讲师认证资格的技能讲师
技术类	获得联想讲师认证资格的技术讲师或获得联想中级工程师的技术工程师
其他	入职年限超过5年的其他岗位员工

表8–7　各学徒岗位结业标准及对应认证

学徒岗位	结业标准	对应认证
前台接待工程师	接待满意度达标90%；成交率大于10%；熟悉前台接待流程	LCSE
后台维修工程师	维修过程指标大于0.92；熟悉后台维修流程	LCSE
上门工程师	维修过程指标大于0.92；熟悉上门维修流程	LCSE
项目实施	企业客户满意度达90%，项目完成质量达95%	LCPE
后台支持岗位	完成协调岗、回访岗、备件物流岗轮岗，能够独立承担岗位	LCRE

（三）制定现代学徒制教学管理制度

一是建立健全合作培养相关制度，如《指导教师工作职责》《带徒师傅工作职责》《校企定期会议制度》《学徒实习管理制度》《企业用工三方协议》《师带徒协议》《指导教师绩效管理办法》《校企双方评价办法》《学徒实习考核制度》《准员工实习考核制度》《准员工转为员工（毕业）制度》等。

二是建立健全与现代学徒制相适应的轮岗实习管理制度，如制订学分制管理办法和弹性学制管理办法，学生的专利、论文及科研项目均可以置换专业限选课或公选课学分，企业的培训课程均可与人才培养方案的同类课程进行学分置换；完善学生轮岗实习管理办法，完善学生轮岗教学方案设计，根据教学需要，科学安排学徒岗位、分配工作任务，保证学徒获得合理报酬；落实学徒的责任保险、工伤保险，确保人身安全等。

七、探索实施多方参与的考核评价机制

（一）建立多元考核评价体系

一是创新考核评价制度，制订以育人为目标的岗位学习实训考核评价标准，将学生自我评价、教师评价、师傅评价以及企业评价相结合，积极构建第三方评价机制，由行业、企业和中介机构对学徒轮训岗位群进行技能达标考核。

二是改革教学质量评价标准和学生考核办法，将理论与实践相结合，技能与作业态度相结合，笔试与实操相结合，并且将学生工作业绩和师傅评价纳入学生评价标准，以适应学徒制培养模式的多元评价方法。

三是校企共同围绕工匠精神和职业素养设定职场化考核标准。

四是将物化成果、项目业绩等作为重要评价内容，实施线上线下相结合的学生互评、教师评价和企业评价。在具体的实施中，强调以学生为中心的多元评价，引导学生参与学习和讨论，通过学生自评、小组互评、教师评价，强调评价的客观性和科学性；引入企业师傅参与评价，使教学更好地对接企业标准，培养工匠型人才。

（二）建立健全《出徒标准》

以《出徒标准》作为整个考核核心，在校企双方合作培养人才的多个环节制订了不同的评价办法，如《现代学徒制学生生产实习考核办法》《现代学徒制岗位技能考核管理办法》《现代学徒制考核管理办法》《现代学徒制学生轮岗实习考核办法》等，联合进行学生培养的过程考核，确保培养质量。系列考核办法充分体现校企双方的不同要求，实现了对学生（学徒）的综合考核。

（三）建立并完善职业资格证书考评体系

参与现代学徒制班级学生由联想与学校共同组织进行统一技能认证，进行理论考试和技术实操两部分双百分制的考核，考核合格者会获取联想 LCRE 认证证书、LCSE 认证证书和 LCPE 认证证书，获取 LCSE 认证证书的同时会获得

国家工业和信息化部电子行业职业技能鉴定指导中心颁发的计算机维修工高级（三级）证书。

八、提高了育人质量，产生了良好社会反响

（一）育人成效明显

通过实施现代学徒制，学徒到企业进行阶段性轮岗学习，使其较早接触新技术、新技能，能很快适应企业岗位技术技能的要求，而且学徒在技能大赛中成绩斐然，成为企业满意的工匠型人。

（二）企业人力资源储备得到充实

通过校企合作一体化办学，校企共同研制招生与招工方案、推进招生招工一体化。学徒和企业员工（师傅）培养结合起来，提高了企业员工（师傅）的综合素质，解决企业转型升级中人才的选、育、用、留等问题，为企业培养了基于岗位工作任务用得好、留得住的人才。

（三）社会辐射影响大

学院计算机应用技术专业与联想（北京）有限公司率先实施的现代学徒制试点，在学校内部和校外都产生了一定的影响。先后接受多家媒体采访，如山东热线发表《山东科技职业学院寻求突破试水现代学徒制》，中国高校之窗发表《山东科技职业学院计算机应用技术联想现代学徒制试点项目顺利完成师徒双选工作》，大众网发表《山东科技职业学院现代学徒制试点班举行拜师仪式》，山东教育电视台新闻报道山东科技职业学院联想班现代学徒制专题。

第四节　与歌尔股份有限公司开展现代学徒制

2015 年，山东科技职业学院机械制造与自动化专业被教育部批准与歌尔股份有限公司（以下简称歌尔公司）开展现代学徒制试点工作，根据《教育部关于开展现代学徒制试点工作的意见》（教职成〔2014〕9 号）、《教育部办公厅关于公布首批现代学徒制试点单位的通知》（教职成厅函〔2015〕29 号）有关要求，

五年来经过校企双方深度合作和共同培养，在现代学徒制的体制机制建设和人才培养模式改革、校企合作现代学徒制项目制度建设和校企双方资源建设等方面取得了较好的效果。

一、构建校企协同育人体制机制

（一）选择高端合作企业

为贯彻落实《教育部关于开展现代学徒制试点工作的意见》文件精神，做好现代学徒制试点工作，学院制订了现代学徒制合作企业的遴选标准，并邀请专家进行专题讲座，为成功开展现代学徒制试点做好了前期准备。

学院选择歌尔公司作为学徒制试点的合作企业。一是歌尔公司是上市公司，属于产教融合型企业，有完善的企业内部培训体系，拥有充足的教育教学资源，企业内部本身具有完备的课程和实训模块、训练包，认证体系完整；二是企业生产设备设施与工艺水平高，在同行业中具有一定代表性和影响力，引领行业技术发展标准，通过学徒制培养，能使最新的行业企业标准直接融入人才培养全过程；三是企业文化先进，并乐于承担社会责任，积极参与职业教育建设，在校企共建实训基地、师资队伍建设、专业课程开发、社会培训、技术研发等方面积极与学院开展合作，为工匠型人才培养提供了有力保障。

（二）成立组织机构

山东科技职业学院与歌尔公司共同成立了校企合作委员会，下设现代学徒制教学指导委员会，具体负责现代学徒制试点项目的实施管理和监控。学院与歌尔公司在校企多年合作的基础上，签订了实施现代学徒制项目合作实施的协议，就校企双方在招生招工一体化、人才培养方案的制订、现代学徒制人才培养模式实施、师资队伍互聘共用共享机制的激励机制、校企人才培养成本分担机制、学徒（学生）评价的考核机制等方面，明确了校企双方职责分工。

（三）组建歌尔学院

以开展实施学徒制为主要内容，校企双方组建具有混合所有制特征的二级学院——歌尔学院，整合资源，完善机制，逐步扩大参与学徒制试点数量，促进学院职业教育和行业企业有机融合。同时，制订配套现代学徒项目制管理制度。制定了《山东科技职业学院现代学徒制教学管理实施办法（试行）》《山东科技职业学院现代学徒人才培养制质量监控与管理实施方案》《山东科技职业学院专项资金管理办法》《山东科技职业学院现代学徒制项目推进管理办法》等系列制度，保障现代学徒制试点工作的顺利实施。

（四）联合牵头成立山东省模具设计与制造产教联盟

双方联合在学校成立了歌尔学院，在此基础上，2018 年 12 月由山东科技职业学院、歌尔公司及山东省模具工业协会三方共同牵头，联合 33 家行企校单位正式成立山东省模具设计与制造产教联盟。2017 年歌尔公司与学校共同建设模具制造实训室，援建学校模具制造类设备 20 余台套，价值近 1000 万元。

二、开展校企招生招工一体化

（1）校企共同招生招工。双方共同制订招生招工一体化实施方案，完善了学院招生录取和企业用工一体化的招生招工制度。学院与歌尔公司共同开展招生招工一体化宣传与招生录取工作，通过校企共同开展企业文化宣讲、招生宣传、学生自愿报名等方式，校企共同遴选学员。

（2）联合组建班级。本着“学生自愿，企业选拔”的原则，通过笔试测试、面试及师徒双选等流程，最终确定学徒。按照“学生—学徒—准员工—员工”“四位一体”的人才培养路径，组建了 4 届共计 118 名学生的现代学徒制试点班级。

（3）签订三方协议。根据培养需要和责任分工，双方联合制订现代学徒制三方（四方）协议，并举行协议签订仪式以及签订师徒协议与三方协议书。

三、实施“四阶段双导师”学徒制人才培养模式

按照“校企双主体育人，学校教师和企业师傅双导师教学，学徒的职业院校学生和企业员工双重身份”的原则，由双方成立的学徒制教学指导委员会，联合进行人才培养方案的制订，确定了“四阶段 双导师”工学交替的人才培养模式，为合作企业培养急需的高素质技术技能人才。

通过“四阶段双导师”人才培养模式的实施，学生培养质量更加贴近企业需

求：在该模式的培养下，企业的技术优势和员工培训优势延伸到在校学生，学校的教育体系和基础培养优势在试点班学生中得到展现。企业不仅承担三个阶段的实践教学任务，还主动承担与企业岗位密切相关的塑料模具设计、UG软件应用两门专业课程的教学，专门选拔师傅带队进行技能训练，选拔技术能力强的工程师担任学生专业课程教学，学生在业务能力和理论体系结构上基本与歌尔公司的实际需求保持一致，很好地满足了企业的需求。2015级现代学徒制班的学生顶岗实习的前半段，企业即开始从试点班中选拔部分优秀学员进入原来本科学生从事的岗位如CAM岗、工艺岗、管理岗等，充分体现了联合培养的价值。

四、校企共同开发“职业能力培养”为主线的课程体系

双方按照学徒制人才培养方案中确定的培养目标和培养模式的需求，联合制订现代学徒制课程体系，并联合开发AUTO CAD、机械制图、机械零价加工与质量控制、CREO3.0、数控铣床编程与加工等核心课程，同时实施线上线下职场化的混合式教学模式改革。如图8-10所示。

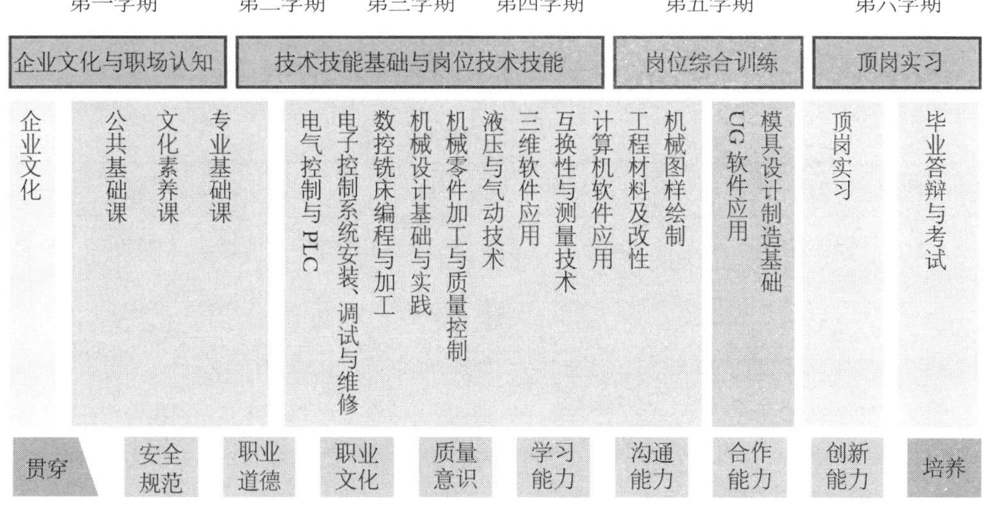

图8-10 现代学徒制课程体系

五、校企共同打造业务精湛的“双师型”专业教学团队

（1）制订标准遴选企业师傅。校企共同制订企业师傅遴选标准，合作企业

按照师傅遴选的标准选拔优秀技术技能人才担任学徒师傅。一般按照五人一师的标准配备企业师傅。

（2）建立教师到企业实践制度。校企双方确定了学校教师定期企业实践制度，参与企业的生产与技术服务。双方联合在企业设立了“双师”教师培训基地，定期组织教师进企业训练，学习新工艺新技术。学院教师在企业挂职，增强实践经验，企业员工承担教学任务，提高理论基础，教学即工作，工作即教学，校企双方优势互补，师资队伍实现共建共享。

（3）构建了双导师培训体系。校企共建师资队伍是现代学徒制试点工作的重要任务。为保障现代学徒制试点项目实施的质量，校企双方对于现代学徒制班级实施双导师制管理，建立健全双导师的选拔、培养、考核和激励制度，形成校企互聘共用的管理机制。

六、校企共同实施人才培养

轮岗与顶岗实践教学安排。现代学徒制试点班在三年中经过一次企业文化认知、一次学校专业认知，三次企业实践活动，企业实践的每个阶段安排不同的实践任务，如图 8-11 所示，由不同的师傅带领，按照不同的标准进行考核，见表 8-8、表 8-9。

表 8-8　实践教学计划表

序号	实践教学内容	时间安排	实践教学地点	主要教学内容
1	企业文化认知	第一学期	学校 + 企业	企业参观、企业文化教育、拓展训练
2	金工实习	第一学期	学校金工实训中心	机械基础实训（车、铣、钳工、焊接等）
3	职场认知	第三学期前段（8~10 月）	企业	企业培训 + 自动化机台操作
4	轮岗实践	第五学期前段（8~10 月）	企业	现代机加工设备操作、现代机械机电设备（自动生产线）安装维修、模具装配与制造、品质检验等岗位轮换培训
5	岗位实践	第五学期后段 + 第六学期	企业	根据企业需求和个人能力水平安排合适岗位

阶段	时间	项目	内容
轮位见习	2017.8	入职培训	采用集训的方式帮助新员工了解公司文化、管理制度及安全等内容
		定岗定师	确定学员岗位，选定合适老员工作为学员师傅
		轮岗学习	选择磨床、铣床、车床作为见习岗位，每个岗位见习一周，共三周时间
		沟通关爱	人力资源部 / 事业部员工定期座谈，了解学员心态、学习进度
↓			
定岗见习	2017.9	部门集训	部门组织集训，帮助新员工了解自己岗位的岗位知识和岗位技能
		师傅传授	师傅负责教授学员所定岗位的岗位技能，制定学员的学习计划
		每周测试	对于每周学习的内容进行测试，了解学员的学习情况
		沟通关爱	人力资源部 / 事业部员工定期座谈，了解学员心态、学习进度
↓			
上岗实操	2017.10	上机实操	学员在师傅关注下上机实操
		师傅传授	师傅负责教授学员所定岗位的岗位技能，制定学员的学习计划
		实操测试	对学员实操技能进行测试，了解学员学习进度
		沟通关爱	人力资源部 / 事业部员工定期座谈，了解学员心态、学习进度
↓			
转正顶岗	2017.11	转正答辩	实习满三个月之前进行答辩，答辩成绩纳入转正考核成绩
		独立顶岗	员工独立操作机台，顶岗
		沟通关爱	人力资源部 / 事业部员工定期座谈，了解学员心态、学习进度
↓			
新的征途	2018.4	优秀人员选拔	根据半年综合考核成绩选取 5 位调岗至 CAM、工艺等技术类岗位
			根据半年综合考核成绩选取 3 位调整至班长岗位

图 8-11　轮岗顶岗训练计划

表 8-9　轮岗实践与岗位实践安排表

时间	项目	内容
2018.8	入职培训	采用集训的方式帮助新员工了解公司文化、管理制度及安全等内容
	定岗定师	确定学员岗位，选定合适老员工作为学员师傅
	轮岗学习	选择磨床、铣床、车床作为见习岗位，每个岗位见习一周，共三周时间
	沟通关爱	人力资源部 / 事业部员工关系定期座谈，了解学员心态、学习进度

续表

2018.9	部门集训	部门组织集训，帮助新员工了解自己岗位的岗位知识和岗位技能
	师傅传授	师傅负责教授学员所定岗位的岗位技能，制订学员的学习计划
	每周测试	对于每周学习的内容进行测试，了解学员的情况
	沟通关爱	人力资源部 / 事业部员工关系定期座谈，了解学员心态、学习进度
2018.10	上机实操	学员在师傅关注下上机实操
	师傅传授	师傅负责教授学员所定岗位的岗位技能，制订学员的学习计划
	实操测试	对学员实操技能进行测试，了解学员学习进度
	沟通关爱	人力资源部 / 事业部员工关系定期座谈，了解学员心态、学习进度
2018.11	转正答辩	实习满三个月之前进行答辩，答辩成绩纳入转正考核成绩
	独立顶岗	员工独立操作机台，顶岗
	沟通关爱	人力资源部 / 事业部员工关系定期座谈，了解学员心态、学习进度
2019.4	优秀人员选拔	根据半年度综合考核成绩选取 5 位调岗至 CAM、工艺等技术类岗位
		根据半年度综合考核成绩选取 3 位调岗至班长岗位

七、校企共同制订出徒标准和考核办法

校企共同制订出徒标准。围绕工匠精神和职业素养设定职场化考核标准，将物化成果、项目业绩等作为重要评价内容，实施线上线下结合的学生互评、教师评价和企业评价；将学生工作业绩和师傅评价纳入学生评价标准，构建适应学徒制培养模式的评价方法。运用信息技术，实施企业专家远程评价，进行大数据分析和监测预警。

建立多元考核评价体系。改革教学质量评价标准和学生考核办法，强调以学生为中心的多元评价，引导学生参与学习和讨论，通过学生自评、学生互评、教师评价，强调评价的客观性和科学性。引入企业师傅参与评价，使教学更好地对接企业标准，培养工匠型人才。

八、企业文化深度融合学校教育

职业教育的重点是工匠精神的打造和职业道德的培养，单纯的学校培养环

境在这方面有先天的不足。在学校教育中合理地引入企业文化理念，是达成职业道德培养和打造工匠精神的有效方式，校企双方在试点过程中充分交流，确定了将企业文化融入教学过程的多种措施，实施效果明显。企业文化融入计划见表 8–10。

表 8–10 企业文化融入计划

阶段	活动安排	主要内容
学生入学阶段	企业进校宣讲	企业介绍、毕业生经验交流
军训阶段	企业与学生见面会	开展互动交流
第一学期	企业一周的文化教育	企业参观、拓展训练、文化教育
二年级上学期前段	企业岗位认知	岗前培训、岗位训练
企业岗位认知阶段	双导师指导体系建立（拜师仪式）	师傅的日常指导
三年级上学期	轮岗实践	岗前培训、岗位训练
三年级下学期	岗位实践	岗前培训、岗位训练
中间穿插	赞助学校运动会、发放奖学金	

（一）企业文化融入实施

（1）企业进校宣讲。学生入学初期，歌尔公司委派专家和优秀毕业生进校开展文化宣讲和经验交流活动，让学生了解企业状况，对歌尔公司产生总体印象。

（2）军训见面会。学生军训期间，企业安排专人进入校园，与班级学生召开见面会，进行面对面交流。

（3）企业文化周活动。集中一周时间进行企业文化介绍、企业文化训练课、企业参观、拓展训练等组合活动，让学生现场认知企业，感受企业文化。

（4）初入企业职场认知。第二学期安排学生第一次正式进入企业进行岗位认知训练，体验企业岗位真实状况，体会企业生产岗位要求。

（5）轮岗顶岗实践，岗位历练接受企业文化。通过在企业岗位上的亲身实践，切实地让学生接受企业文化。

（二）企业文化融入成效

从学生入校的第一天，企业文化已经在学校得到充分的展示，三年时间中，通过各种方式的企业文化介入，学生对于企业的文化由感受到接受，由认知到认可，企业真实的职场文化深入学生心中，学生对歌尔公司的认识发生了巨大变化，从原先学生进入歌尔公司50%的流失率，到2015级学生学徒制试点进入歌尔公司后的零流失，展现了企业文化融入学校教育的明显效果。通过现代学徒制试点培养的实施，企业的技术优势和员工培训优势延伸到在校学生，学校的教育体系和基础培养优势在试点班学生中得到了很好的展现。

第五节　与鲁泰纺织股份有限公司开展现代学徒制

2015年，学院服装设计与工艺专业与鲁泰纺织股份有限公司（以下简称鲁泰公司）合作开展现代学徒制试点。根据《教育部关于开展现代学徒制试点工作的意见》（教职成〔2014〕9号）、《教育部办公厅关于公布首批现代学徒制试点单位的通知》（教职成厅函〔2015〕29号）有关要求，经过几年实践，探索建立了校企联合招生、联合培养、一体化育人的长效机制，逐步建立起政府引导、行业参与、社会支持、企业和职业院校深度融合的现代学徒制人才培养模式。

一、加强校企协同育人机制建设

构建学院和企业层面跨部门的试点工作领导小组和工作机构，加强组织领导，落实责任制，定期会商和解决有关试点工作重大问题；构建校企常态沟通机制，全方位支持项目建设。根据双方人员工作调整及时动态调整完善成员情况，落实跟进各项工作，确保项目顺利实施。

试点工作领导小组主要职责是负责对本专业学徒制试点工作的领导，制订学院与鲁泰公司之间相关合作协议及相关制度，对在试点工作中出现的问题进行指导与沟通协调，对试点工作进行跟踪检查；负责与行业及政府部门的对接与沟通工作；负责对试点工作的典型总结、人才培养模式的提炼，为今后学徒制改革提供可借鉴可复制的模式。

学徒制项目工作小组的主要职责是负责制订并实施现代学徒制试点工作方

案，及时报送学院相关数据资料，建立校企沟通协调机制；负责校企教师与师傅对接协调服务，建立学生质量标准化体系和质量监督评价体系；贯彻校企实习管理制度机制；做好招生工作、教学行政服务工作；加强学生职业素养，做好学生日常管理工作；根据专业教学计划与教学大纲要求制订课程教学计划、课程标准，组织实施并不断修订完善；实行岗位达标制度和轮训制度，注重学生岗位技能提升；按时完成项目组交办的各项工作，做好定期总结工作，确保学徒制试点专业人才培养质量。

二、推进招生招工一体化

（1）校企共同研制实施招生招工方案。与合作企业鲁泰公司共同进行招生宣传与招生录取工作，组建现代学徒制试点班级。试点采用现代学徒制形式与合作企业联合开展企业员工岗前培训和转岗培训。近三年招生招工 141 人。

（2）签订三方协议。规范学院招生录取和企业用工程序，明确学徒的职业院校学生和企业员工双重身份，按照双向选择原则，学徒、学校和企业签订三方协议，确定各方权益及学徒在岗培养的具体岗位、教学内容和权益保障等。

（3）建立校企联合招生、联合培养、一体化育人的长效机制，在切实提升学生岗位技能、学生就业的专业对口率等方面取得一定成效。2015 级和 2016 级学生出徒率达 100%，留岗率达 80%。

三、创新实施“校企融合，三段式能力提升”人才培养模式

（一）实行“校企融合，三段式能力提升”人才培养模式

根据现代学徒制人才培养的特点，以能力培养为重点，深化校企合作，人才培养由学校主导转向校企双主体育人，教师、师傅联合传授，按照“学生—准学徒和学徒—准员工”人才培养思路，实行“校企融合，三段式能力提升”人才培养模式。

“校企融合”是指学校和企业充分融合，共同进行职业岗位分析，共同开发课程体系，共同承担教学任务，共同建设实习基地等，形成人才共育、过程共管、成果共享、责任共担的利益共同体。

“三段式能力提升”的培养过程分为三个技能层次、三个时段训练的培养。

第一个技能层次为基本设计与工艺技能，培养学生基本知识和基本专业技能，在第一学年完成；第二个技能层次是专项技能，强化服装制版、服装工艺等岗位核心技能培养，确保学生达到岗位任职要求，在第二学年完成；第三个技能层次是综合技能，培养学生系统化整体设计与工艺能力，在第三学年完成，从而达到校院互利双赢、全方位培养人才的良好局面。

（二）建成“平台 + 模块”课程体系

在人才培养目标的指导下，由职教专家、企业与学校、教师与师傅的共同参与下，按照“企业用人需求与岗位资格标准”来设置课程，建成“平台 + 模块”（通识课程平台 + 专业基础课程模块 + 专业核心课程模块 + 就业方向课程模块）为主要特征的适合现代学徒制人才培养的专业课程体系。2015～2018 年期间，校企协同研讨修（制）订各相关年级人才培养方案。课程体系开发如图 8-12 所示。

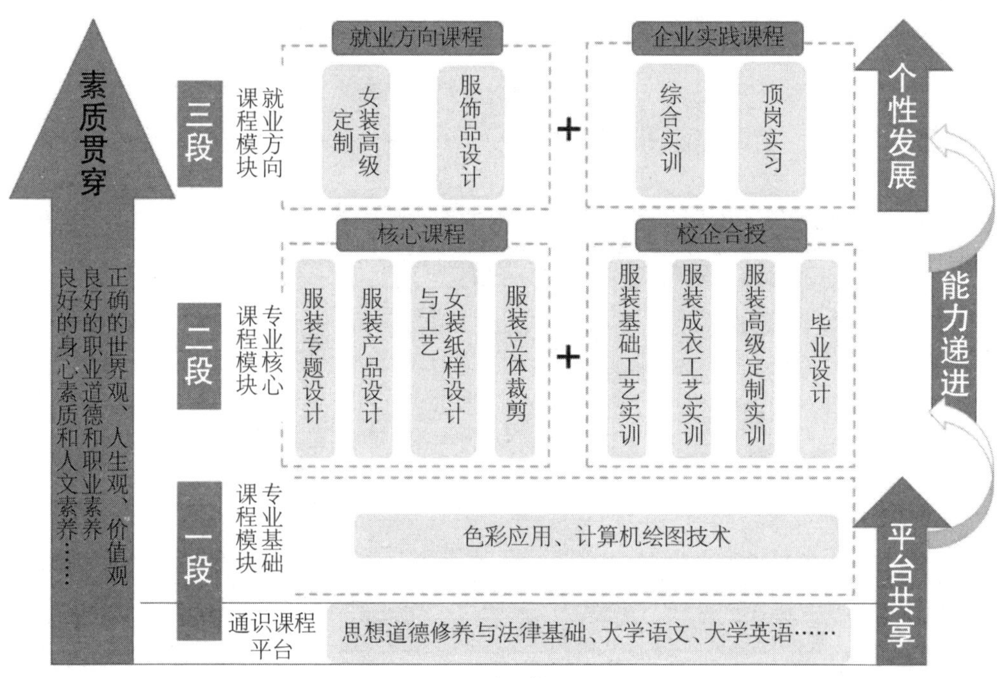

图 8-12　课程体系开发

四、校企合作开发课程与实训项目

（一）对接企业开发课程

现代学徒制试点项目做到教学内容与生产岗位要求对接、教学过程与生产过程对接的产教融合、职场育人。结合鲁泰公司实际生产岗位需求，校企共同建设基于工作内容的专业课程和基于典型工作过程的专业课程体系，开发基于岗位工作内容、融入国家职业资格标准的专业教学内容和教材，合作编写《服装 CAD 应用》《衬衫纸样设计与工艺》《西装纸样设计与工艺》等教材，联合申报建设两门山东省精品资源共享课。

结合鲁泰公司实际生产岗位需求，进行数字资源的开发和网络课程的建设。受地域和时间的限制，学生无法随时随地的到企业现场学习，利用网络教学平台，积极推动课程开发和数字化资源建设工作，是提升现代学徒制学生的企业眼光和高技能水平的有效方法和途径。校企合作建设现代职教网络课程 15 门、鲁泰新入职员工 APP 培训课程（鲁泰管理规章制度、新员工入职培训、公寓管理常识三个模块）。

（二）校企共同开发实训项目

以校企共建的“鲁泰学院”为依托，与鲁泰公司共同建立了服装智能制造实训室，实训室配备 100 台服装设计与制作一体机、服装 CAD/CAM 打印输出设备、智能衬衫生产线；同时加强企业实践阶段实施，各过程中由企业师傅和学校教师共同指导实训课程，保障了学生在学校能够完成企业的专项岗位培训，训练学生的专业技能水平，以提升就业能力为导向，逐步完成学生到学徒再到准员工的专业技能的提升。以综合职业能力为主线，将各实践教学环节进行整体设计，建立理论实践一体化的实践课程体系。

五、建设校企互聘共用的师资队伍

校企合作形成双导师制，建立健全双导师的选拔、培养、考核、激励制度，形成校企互聘共用的管理机制。校企合作制订明确的企业师傅遴选制度、工作职责、评价标准及激励机制，合作企业选拔优秀高技能人才担任师傅，明确师傅的责任和待遇，师傅承担的教学任务应纳入考核，并可享受带徒津贴。学院支持专业教师到合作企业进行挂职实践，参与企业的生产与技术服务，学院将教师的企业实践和技术服务纳入教师考核并作为晋升专业技术职务的重要依据。建立灵活的人才流动机制，校企双方共同制订双向挂职锻炼、横向联合技术研发的激励制度和考核奖惩制度。

目前服装设计与工艺现代学徒制各类专业专兼职教师团队 35 人，其中专任教师（学校导师）10 人，企业兼职教师（含师傅）25 人。服装设计与工艺专业教学团队是省级教学团队、省级黄大年式教师团队，建设立项 1 个山东省职业教育孙金平名师工作室，开展教育教学研究与实践。

六、建立现代学徒制质量标准和考核制度

（1）制订学徒制管理办法。学院制订学徒制学分制管理办法和弹性学制管理办法，学生在完成规定学分的条件下可办理毕业手续，学制可控制在 2 ~ 5 年。落实学徒的责任保险、工伤保险，确保人身安全。学生实习前应参加学校指定的县级以上医疗单位的健康体检。建立学校、企业和学生家长经常性的学生实习信息通报制度，推进招生招工一体化。

（2）明确学徒制质量标准。制订学徒制《教学质量监控与评价实施方法》按照企业岗位要求，融合国家职业资格标准，以企业为主，校企联合制订专业核心课程标准、教学工作标准、出徒评价标准和考核标准等。

（3）创新考核评价制度。制订以育人为目标的实习实训考核评价标准，将学生自我评价、教师评价、师傅评价、企业评价、社会评价相结合，积极构建第三方评价机制，由行业、企业和中介机构对学徒轮训岗位群进行技能达标考核。建立定期检查、反馈等形式的教学质量监控机制。

七、现代学徒制项目成效显著

通过与鲁泰公司开展现代学徒制，专业品牌日渐形成。2018 年现代纺织服装专业群与鲁泰公司等企业合作入选山东省校企合作一体化办学示范院校和企业认定项目。2019 年服装设计与工艺专业群入选国家“双高计划”重点支持建设专业群 A 档。近三年该专业师生的专业水平大幅提升，在各项大赛中获得优

异成绩：2014年，“凤凰庄杯”第七届全国高职高专院校学生服装制版与工艺技能大赛，获一等奖1项，三等奖2项；2016年，5名学生参加第八届全国职业院校学生“服装制版与工艺”技能大赛，获得一等奖2项（其中1人为一等奖第一名），二等奖2项，三等奖1项，1名同学被授予唯一一名“全国纺织服装职业院校学生职业技能标兵”；2017年6月，学生参加全国职业院校技能大赛高职组服装设计与工艺赛项，获得一等奖2项；2017年11月，参加山东省职业院校技能大赛高职组服装设计与工艺赛项，获得一等奖3项；2018年，学生参加全国职业院校技能大赛高职组服装设计与工艺赛项，获得团体一等奖1项。

第九章　基于新型师徒关系的现代学徒制制度标准

随着现代学徒制试点工作的逐步推进，一个不能忽略的影响学徒制质量的重要问题凸显出来，即缺乏相关制度以及师傅遴选标准与资格认证。在人才培养模式中，师傅与高质量的职业技术技能型人才始终是“源”与“流”的关系。名师出高徒，要培养高质量的技术技能人才，必须加强相关制度建设，明确师傅的遴选标准，加强资格认证工作，才能提升现代学徒制中师傅队伍的能力水平，提升现代学徒制人才培养质量。

第一节　构建新型师徒关系制度体系

在深入研究现代学徒制师徒关系的基础上，构建职业教育现代学徒制新型师徒关系制度体系，包括师傅管理制度、学徒管理制度、师徒互选制度等。师傅管理制度主要包括师傅职责、选拔、评价等方面的内容；学徒管理制度严格按照企业标准规定上班、考勤及其他管理规定；师徒互选制度明确师傅的责任与义务、师徒关系的确定以及师徒各自的资格、责任和要求等。另外，还有其他配套管理制度、系列制度的出台，更好地促进了良好师徒关系的形成。

一、师傅管理办法

下面介绍歌尔股份有限公司—山东科技职业学院关于技师导师的管理办法。

歌尔股份有限公司—山东科技职业学院

关于技师导师的管理办法

一、导师制定义

导师制是指为帮助资质较浅的员工在组织中熟悉环境并向上流动，由具备丰富经验和知识的资深员工为其进行的辅导活动，以及为此所制订的各项工作流程、标准、激励、约束政策。

二、导师职责

1. 参与导师培训，提升辅导沟通技能。

2. 参与制订培训计划，及时调整优化。

3. 主动传授知识并输出《辅导沟通记录表》。

4. 跟踪被辅导人发展情况，及时总结评价。

5. 关注并帮助被辅导人的工作及生活问题。

三、导师选拔标准

1. 导师职等不低于新入职技师职等。

2. 原则上 2 年以上歌尔公司本岗位工作经验，满足此条件的导师数量不足时，可降低年限要求，选拔本岗位工作经验丰富的导师。

3. 认同歌尔公司文化、价值观，对公司满意度与忠诚度较高，工作态度积极向上，思想端正，品德高尚。

4. 具有基本的计划、组织、激励、沟通等教练能力。

5. 愿意担当导师，与他人分享、成就他人。

6. 上一辅导期满考评不合格的导师，本辅导期取消导师资格。

四、导师考核标准

1. 导师考核。导师考核点主要包括导师工作的结果和进程两部分，以被培养对象工作学习表现和业务水平的提高作为导师辅导工作的结果，以辅导期内导师各项工作记录的完备情况等作为导师的工作过程，并参考培养对象评价意见、用人部门主管评价意见、人力资源本部意见。

2. 导师月度评比。针对导师辅导情况进行月度跟踪评比，根据被辅导人月度考核成绩及稳定性等，输出导师月度评比结果，评比结果由相关人力资源部进行备案。评比项目及其权重和内容如下。

序号	评比项目	权重	内容
1	新员工试用期考核成绩	70%	按照新员工试用期月度考核表得分核算本项分数

续表

序号	评比项目	权重	内容
2	稳定性	30%	1. 新员工数量≥2名，每流失一名新员工扣10分 2. 只有一名新员工，若员工流失，导师不参与考核
3	人数	加分项	以1人为基数，每多带1人加10分，最高为20分

3. 导师辅导期满考评。导师辅导期满考评成绩＝被辅导人辅导期满考评成绩（50%）＋导师辅导满意度考评成绩（50%），同时辅导多名新入职技师的导师成绩取相应被培养人成绩的平均值。考评结果分为卓越、优秀、合格、不合格四个等级，不合格的导师将取消1个辅导期的导师资格，考核结果由相关人力资源部进行备案，并按年度备案至人力资源本部。导师辅导期满考评结果等级情况如下。

序号	考评结果	考评分数要求	比例	备注
1	卓越	导师辅导期满考评成绩≥90分	5%	考评为卓越及优秀的导师需同时满足考评分数及考评比例要求。
2	优秀	90分≥导师辅导期满考评成绩≥80分	10%	
3	合格	80分≥导师辅导期满考评成绩≥60分	—	—
4	不合格	导师辅导期满考评成绩<60分	—	—

五、导师激励

1. 导师月度评比。辅导期内，每月根据被辅导人月度考核情况和导师表现进行评比，并根据评比结果进行激励，标准如下。

评比结果	激励标准	激励比例
一等奖	300元/人	5%
二等奖	200元/人	15%
三等奖	100元/人	20%

2. 培养期满导师评优及激励。辅导期满，根据被辅导人转正考核成绩及导师表现，进行评比激励，标准如下。

评比结果	激励标准	激励比例
卓越导师	800 元 / 人	5%
优秀导师	500 元 / 人	10%

3. 辅导期满考核合格的导师，部门在进行绩效考核时可作为绩效考核加分项。评选为优秀导师、金牌导师的导师，在职级职等调整时重点考虑。

4. 评选为优秀导师、金牌导师的导师，享受优先外出学习的机会。

5. 担任导师的员工，培训学时考核进行折算，每辅导一名员工，相当于完成 4 学时的培训。

二、学徒管理制度

下面介绍山东科技职业学院现代学徒制学徒管理制度。

山东科技职业学院现代学徒制学徒管理制度

一、上班制度

1. 学徒必须严格遵守学院、企业各项规章制度，佩戴好有关标识，不迟到、不早退、不旷课，严格遵守作息时间，按时进入指定的实践岗位，工作结束后，经师傅允许方可离开。

2. 学徒在实践中不得擅自离开实践岗位，有事离岗需经部门领导或师傅批准，返回岗位时向部门领导或师傅报告。

3. 学徒必须在师傅的指导下，严格遵守安全操作规程操作设备，爱护设备，不得无故损坏设备。如发现设备出现故障或异常情况，应立即报告部门领导和师傅，未经允许，不得任意拆卸或启动设备，确保人身、设备安全。

4. 学徒应爱护工具，节约原材料，认真做好所在岗位的设备、工具及原材料的维护和保养，做好实践场地和工位的清洁卫生工作。

5. 学徒在工作场所内，不准嬉戏、打闹、奔跑和大声喊叫。学习中不得串岗、打瞌睡、干私活、玩手机等，不得做与工作无关的事情，不得参加非企业组织的其他活动。

6. 学徒应尊重所在实践部门领导、带教师傅和其他工作人员，服从安排，安心本职工作；在工作中要做到谦虚谨慎、勤学好问、刻苦钻研、精益求精，提高自身操作技能，争取尽快达到岗位技能的合格要求。

7. 学徒应严格遵守所在实践部门的保密制度，不得向外界泄露企业技术或提供商业情报，维护实践单位利益。

二、考勤制度

1. 学徒在实践学习期间实行企业、学院双重考勤。企业考勤由师傅负责，进行日常考勤；学院考勤由学院指导教师负责，进行不定时抽查。

2. 学徒必须按时参加所在实践企业规定的实践、培训及其他活动，因故不能参加者，必须履行请假手续，否则按旷课处理。

3. 学徒请病假、事假，须经带教师傅批准，经所在实践企业领导同意，请假三天以上者须经学院审核，否则，按旷课和学院有关规章制度处理。

三、其他规定

1. 学徒必须遵纪守法，遵守社会公德，互帮互助，自尊自爱，自觉接受所在实践企业和学院的双重教育和管理。

2. 学生进入学徒期须本人申请、家长同意，学院根据学生所学专业，选择并安排实践企业，进入企业前，按学院现代学徒制实施要求，规定签订有关协议。

3. 学徒必须遵守学院对学徒的管理规定和安排，及时缴纳学费，按时参加学院组织的活动，认真记录实践学习日志，经常向学院、家长汇报实践学习情况。

4. 学徒未经允许不能擅自离开实践学习岗位，确有特殊原因，必须办理请假手续并征得实践岗位领导的同意和学院的批准。

5. 学徒如果对实践岗位的教学、安排和处理确有意见，应及时与学院联系并报告，由学院依据事实与实践企业协商。学徒不得直接与实践企业人员发生冲突。

6. 学徒必须参加实践学习考核和技能鉴定，做好实践总结，经实践企业签署意见后交给学院。

7. 实践学习结束后，学院组织优秀学徒评比工作，对优秀学徒进行表彰奖励。若学徒最终考核为不合格，须延长实践学习时间，直至考试合格。

8. 学徒必须注意自身形象，穿着朴素大方，举止文明，不得自行在外联系住宿，严禁吸毒、吸烟、酗酒、赌博、打架斗殴等违法违纪行为，不看不健康的书籍、影像，不做任何违法违规的事情。

三、师徒互选制度

下面介绍山东科技职业学院的现代学徒制师徒互选办法。

现代学徒制师徒互选办法

为保障现代学徒制项目实施，提高学徒技术技能水平，特制订师徒互选办法。本办法适用于校企合作现代学徒制项目实施。

一、师傅责任与义务

1. 符合现代学徒制遴选条件的师傅，都有带教学徒的责任和义务，带教学徒是其不可推卸的责任和神圣的任务，拒绝、不接受企业安排的带教学徒任务者或不认真履行带教学徒责任者，企业有权按规定给予处罚。

2. 学校协助企业相关部门，做好师傅与学徒的教学组织工作，给师傅下达带教学徒的任务，师徒也可以自愿结合成教学对子，并在企业备案，学校留存。

3. 每位师傅必须自觉遵照国家有关规定，接受带教学徒的工作和任务。

4. 为了规范和严肃师傅带教徒弟工作，师徒关系确定后，一要在公司公布，接受监督；二要举行拜师纳徒仪式；三要按相关法律法规的规定，签订师傅带教徒弟协议，双方必须按照协议条款执行，不严格执行协议者，不仅承担经济责任，还要承担相应的行政法律责任。

二、师傅和学徒的资格、责任和要求

（一）师傅的基本条件

1. 技术过硬，在本单位岗位上业务比较精通。

2. 思想作风过硬，为人和气，肯于助人为乐，敢于严格要求，善于传帮带。

3. 语言表达能力、沟通交流技巧较好，检查监督及时。

（二）师傅的主要职责

1. 首要是传授技能，从基本知识、技能抓起，言传身教。

2. 帮思想，带作风，把优良作风、职业道德、安全生产经验传给徒弟。

3. 严谨的教学作风，对学徒要严格要求，严格训练。

4. 要胸怀宽广，真心待徒，切实把自己的一技之长传授给徒弟。

（三）对学徒的基本要求

1. 徒弟必须有学艺的愿望，肯学上进。

2. 尊重师傅，谦虚好学，勤学好问，服从师傅教导。

3. 勤奋刻苦，认真实践，不怕苦、累、脏。

4. 能主动帮师傅分忧解难，帮师傅做一些力所能及的事务。

5. 善于观察，多动脑筋，及时捕捉和琢磨所在岗位的技术的关键、门道，把师傅的绝活绝技学到手。

6. 通过学习，达到技术进步快，思想有提高，作风转变好，安全无事故。

7. 学徒若认为师傅的教学方法、能力不能适应自身的发展，可以提出更换师傅，并在企业和学校备案。

（四）考核、奖惩

1. 为了保证学教工作扎实有效地开展，企业、学校要对学教情况进行考核，并登记备案。

2. 凡带教学徒的师傅，根据考核发放相应补贴。

3. 考核不合格的学徒一般辞退；有进一步培养价值的，需要延长学徒期的，师傅提议，报经校企批准即可。在延期学教阶段，师傅无偿地继续带教。

4. 学徒成绩在同一批学徒考核中名列前 3 名的，给师傅和学徒适当奖励。

四、“双导师”遴选及管理办法

下面介绍山东科技职业学院现代学徒制“双导师”遴选及管理办法。

山东科技职业学院现代学徒制“双导师”遴选及管理办法

（2019 年 3 月修订）

现代学徒制是校企深度融合的人才培养模式。采用“双导师”制度，即学校专任教师和企业师傅共同承担学生（学徒）的教学任务，实施岗位培养，使学生（学徒）在不脱离工作岗位的条件下完成学业。为了保证现代学徒制专业教学正常运行，提升人才培养质量，优化专业师资队伍结构，规范企业导师聘任及学校导师的遴选，构建“双导师”教学团队，根据现代学徒制的教学特点及人才培养要求，特制订本办法。

一、指导思想

以《教育部关于开展现代学徒制试点工作的意见》（教职成〔2014〕9 号）和山东省教育厅《山东省教育厅 山东省财政厅 山东省经济和信息化委员会关于开展职业院校现代学徒制试点工作的通知》（鲁教职字〔2016〕11 号）文件精神为指导，根据现代学徒制的教学特点，以培养学生的岗位职业能力为核心，以探索现代学徒制的运行机制为目标，充分调动校内专任教师及企业师傅参与现代学徒制项目实施的积极性，全面推动现代学徒制工作的顺利实施。

二、双导师聘任

（一）学校导师遴选条件

1. 遵守国家的法律、法规以及方针政策，坚持四项基本原则。

2. 原则上要求具有现代学徒制所涉及的企业工作岗位的工作经历，至少要通过企业的现场调研，熟悉所任课程涉及的工作岗位对知识、技能和基本素质的需求。

3. 具有大学本科以上学历或中级以上专业技术职务。

4. 业务基础扎实,具有承担本专业(课程)教学任务的业务能力和教学水平。

5. 具有良好的职业道德和协作意识，能服从学校的教学管理，遵守企业和学校的各项教学规章制度。

6. 年龄在55岁以下，身体健康。

（二）企业导师的遴选条件

1. 遵守国家的法律、法规以及方针政策，身体健康的企业在岗员工。

2. 具有良好的职业道德和协作意识，能服从学校的教学管理，遵守企业和学校的各项教学规章制度。

3. 具备三年及以上企业岗位工作经历，大专及以上学历，并符合以下条件之一者。

（1）中级及以上专业技术职务；

（2）获得高级及以上职业资格等级证书；

（3）中层及以上领导职务。

对企业推荐的具有五年以上岗位工作经验的优秀员工，可不受上述学历、职称和职务的限制。

（三）遴选聘任程序

1. 现代学徒制试点专业所在系部根据专业教学计划、统筹制订双导师遴选及聘任计划。

2. 各系与企业协商确定双导师人选，组织填写《现代学徒制双导师聘任审批表》(一式两份)，并根据双导师的聘任条件对任教资格进行初步审核。

3. 各系对拟聘用的双导师，经主要负责人和企业相关负责人同意后，将《现代学徒制双导师聘任审批表》报人事处审批，教学中心备案。

4. 对经审批通过的双导师，由各系负责与企业导师签订聘任协议，并将企业导师的身份证、学历证书、学位证书、专业技术职务任职资格证书和各种技能资格证书等复印件建档备查。

三、双导师工作职责

（一）学校导师

1. 担任专业技术技能基础课程的学校导师，应加强与企业导师交流，负责课程教学的设计与实施，完成对学徒的岗位技能基础课程考试、考核和成绩评定工作。

2. 以岗位职业能力分析结果为依据，参考职业资格标准，学校导师作为主导与企业导师合作开发课程，改革教学内容，建立岗位职业能力的课程标准，规范课程教学的基本要求，合作编写适合现代学徒制教学的讲义或教材。

3. 严格执行学校和合作企业的有关教学管理规章制度，指导企业导师完成教学工作任务，负责收集整理教学过程规范文件，确保课程教学任务完成。

4. 积极在企业一线进行岗位实践，与企业导师进行教学研讨、教学经验交流，熟悉企业工作流程及岗位工作任务。

5. 及时听取并收集学生（学徒）的意见和建议，加强双向交流，不断调整完善教学方式方法，重要问题及时向系和学校反映。

6. 协助学校和企业对现代学徒制学员进行职业素质教育，参与现代学徒制班级的素质拓展活动。

7. 积极参加企业的技术改造和技术攻关项目，帮助企业解决生产中的实际问题。

8. 负责帮助企业导师填写人才培养工作状态数据。

（二）企业导师

1. 担任岗位技术技能课程的课程负责人，严格按校企双方制订的学徒制人才培养方案进行教学，按要求完成对学徒的岗位技术技能课程考核和成绩评定工作，并提交相关教学文件。

2. 协助学校导师共同完成课程的设计与实施；参与现代学徒制专业的教学研讨、人才培养方案制订、课程体系构建、课程开发、教材建设等工作。

3. 负责学徒毕业设计的指导工作，对毕业设计中涉及的生产故障、技术难点进行具体指导。

4. 负责对学徒的职业道德、职业态度和企业文化等职业素质的养成教育。

5. 积极参加企业的技术改造和技术攻关项目，帮助企业解决生产中的实际问题。

6. 负责提供人才培养工作状态数据相关信息。

四、双导师工作待遇

（一）学校导师

1. 学校导师到企业上课的差旅费和出差补贴参照学院的标准制订具体方案，学校审核通过后从现代学徒制专项经费中支出。

2. 现代学徒制班教学工作量计算原则上高于校内授课的教学工作量，实施标准（参考）= 校内教学工作量 ×110%。

（二）企业导师

1. 集中授课的课酬参照学校导师的标准，由各系与企业协商计付。

2. 岗位师带徒授课的课酬，由各系根据企业导师所带的学徒人数，并结合学徒的评价结果分级制订课酬标准。

五、“双导师”培养培育

（一）培育原则

坚持校企“互聘共培”的原则。“互聘”是指学校聘用企业技术骨干作为现代学徒制企业导师，企业聘用学校骨干教师作为技术顾问；“共培”是指学校对聘用的企业技术骨干进行职业教育教学能力培养，企业对学校骨干教师的岗位技能进行培养，形成一支能适应现代学徒制教学设计、教学实施和教学考核评价的“双导师”团队。“双导师”团队在课程教学过程中相互合作、相互学习、持续提升。

（二）培养目标与内容

1. 培养主要目标

（1）近期目标。适应现代学徒制人才培养教育教学和教学改革与创新的基本需求，具备为合作企业员工进行岗位培训和提升技术升级攻关服务的基本能力，改善实施现代学徒制专业的双师结构。

（2）中期目标。提升现代学徒制“双导师”队伍的整体水平，形成一支相对稳定、专业教学和技术服务能力强的高素质“双导师”团队。

（3）长期目标。推广“双导师”团队培养的成功经验，解决学院双师结构问题。

2. 培养主要内容

（1）职业教育理念的更新培训。主要包括国内外现代职业教育发展的动向和成功案例，国家职业教育改革的最新精神和解读，我院人才培养改革的理念、总体思路和具体实现的路径。培养的核心重点内容是现代学徒制人才培养理念。

（2）内涵建设方法的培训。重点内容是如何通过“政行校企”的多方协同合作，实现专业建设、人才培养模式、企业员工在岗培训和联合技术攻关的改革与创新，以达到校企等多方协同创新发展；深化完善从专业职业岗位能力分析入手，开发基于工作任务的课程、构建基于工作过程的课程体系培训，推动整个人才培养模式的改革与创新。

（3）学校导师企业岗位能力提升培育。重点是熟悉与专业相关行业发展的现状与趋势、合作的大型骨干企业生产情况、结构调整和技术升级中遇到的主要问题等。

（4）企业导师重点是执教能力的培训。主要是现代学徒制教学个人教学文件的撰写培训，课程的开发、教学方法和教学手段等课堂教学常规培训。

（三）培养途径与措施

1. 主要途径

（1）选派双导师到国内外进修培训，更新职业教育理念，学习专业内涵建设的先进方式与方法，提升企业导师的执教水平。

（2）根据学校专业内涵建设的规划，邀请国内外相关专家到校作专题讲座和现场培训。

（3）从学校专业内涵建设优秀集体中推选代表“现身说法”，以典型案例解析和研讨的形式对全校教师进行培训和指导。

（4）选派专业带头人或负责人到企业挂职，熟悉合作的大型骨干企业生产情况、结构调整和技术升级中遇到的主要问题等情况。

（5）邀请行业、企业专家到校分专业作专题报告与研讨，让专业教师能了解行业发展现状与趋势、合作的大型骨干企业基本生产情况和面临的主要问题等。

（6）成立专业课程教学双导师组，在教学过程中互相学习、互相帮助、共同提升。

2. 主要措施

（1）完善学校“双导师”等级认定标准，出台等级晋升的相关激励措施。

（2）进一步规范专业带头人、专业骨干教师、“双师型”的具体标准和晋级的相关激励措施。

（3）将校企合作“互聘共培”纳入校企合作的主要条款，使校企“互聘共培”双导师工作落到实处。

（4）进一步规范学校教师到企业挂出锻炼和学校聘用企业人员的相关规定，激励学校教师到企业挂出锻炼和企业人员接受学校聘用。

（5）学校规定现代学徒制的每门专业课程都要成立课程教学双导师组，并实施课程组内教研和教学。

六、双导师考核与奖惩

（一）考核

现代学徒制教学实行“二级双向”管理和学徒评价制度，“二级”是指开课的系和教学中心；“双向”是指学校和企业按照现代学徒制教学的基本要求分别实施考核，考核要纳入学校的常规考核之中，考核结果记入“双导师”的业务档案。考核细则参考学校现有的考核细则标准执行。

（二）奖励

1. 学院每年按照现代学徒制的人数进行资金预算，用于现代学徒制专业企业教学管理和企业导师课酬、学徒制培养材料费用等。

2. 专业教学标准制订、专业课程资源开发等纳入学校教研教改课题，下拨专项经费，并按教研教改项目的相关办法实施管理。

3. 现代学徒制的课程课酬标准原则上高于校内标准。

4. 学校导师到企业一线进行专业实践与锻炼，享受校内教师进修待遇，企业按照企业员工的管理办法对学校导师实施考核和奖励。

5. 学校导师在同等条件下享有优先进修、交流学习、培训等权利。

6. 企业导师申报校内外教研教改、科研课题，享受校内老师申报课题的同等待遇；企业并为其教研教改、科研创造条件及提供支持。

7. 企业导师享受校内导师进修、交流学习、培训等同等的机会和待遇，企业为其外出学习交流和培训等提供便利条件。

8. 企业导师具有校内评优、评先的资格，并享受学校教师同等的奖励，企业对获得奖励的企业导师给予企业岗位晋升的优先权。

9. 除享受学校、企业的奖励外，单列现代学徒制“双导师”团队评优评先项目，并给予高于学校同等奖励标准的奖励。

（三）处罚

1. 未按照本规定履行教学职责，视情节的轻重给予适当的处罚，并记入教学业务档案，作为学校、企业评优评先资格审定的依据。

2. 未提供相关教学资料（课程设计、集中授课的 PPT 或讲稿、教学日志、考核资料和成绩等），每缺项扣除课酬的 10%，并不享受“双导师”的一切奖励。

3. 学校质量管理办公室和企业组织学徒完成的教学评价结果不合格，取消专项现代学徒制评优、评先资格和导师资格。

第二节　构建新型师徒关系标准体系

结合行业协会、合作院系及企业三方力量，共同商讨和制订企业师傅的标准和方法，包括师傅选拔标准、徒弟选拔标准、师傅评价标准和徒弟评价标准。师傅选拔主要考察职业道德、职业技能、职业经历与经验等方面；徒弟选拔主要考察是否具有耐心细致的工作态度、准确高效的动手能力、条理清晰的思维方式和精益求精的工匠精神等岗位必需的职业素养。师傅评价规定了教学态度、技能传授和师徒交流等几个方面的指标；徒弟出徒，除公共知识之外，各岗位根据技能要求分别制订技能考核指标要求。

一、带教师傅选拔标准及工作职责

（一）带教师傅选拔标准

（1）能较好遵守职业道德规范，品行端正。

（2）工作技能优秀，善于表达沟通、责任心强、具备言传身教的能力。

（3）在工作岗位工作满 5 年以上。

（4）技能水平需达到高级工及以上水平。

（5）有过成功带新员工经验者、评选为优秀员工者优先。

（二）带教师傅工作职责

（1）认真做好对实习生的日常考勤和管理，加强职业道德、劳动纪律和企业文化等教育，培养学生文明、守纪的良好习惯。

（2）负责指导实习生熟悉实习工作环境和防护设施，提高学生的自我保护能力，采取有效措施防止学生在实习中受到伤害和发生安全事故。

（3）认真做好对实习生技能训练的指导和各技术环节的示范，使学生尽快掌握实际操作技能，严格要求学生，并经常进行提问、讲解与指导。

（4）认真听取学校和实习指导教师的意见，采取措施及时解决实习指导中存在的问题，不断提高实习质量。

（5）督促学生及时填写实习生手册，对学生的实习小结填写评语并签名。

（6）实行学生实习信息通报制度，定期向学校、学生家长通报学生实习情况。

（7）配合学校和第三方评价机构，对实习学生进行岗位评价考核。

（8）认真完成企业领导交办的其他各项工作任务。

下面以山东科技职业学院—歌尔股份有限公司现代学徒制师傅选拔标准及工作职责为例介绍。

山东科技职业学院—歌尔股份有限公司

现代学徒制师傅选拔标准及工作职责

一、师傅选拔标准

（一）岗位认知带队师傅选拔标准

1. 能较好遵守职业道德规范，品行端正。

2. 工作技能优秀，善于表达沟通，责任心强，具备言传身教的能力。

3. 在工作岗位工作满 5 年以上。

4. 技能水平需达到歌尔公司技师及以上水平。

5. 有过成功带新员工经验者、评选为优秀员工者优先。

（二）综合训练与顶岗实习带队师傅选拔标准

1. 能较好遵守职业道德规范，品行端正。

2. 工作技能优秀，善于表达沟通，责任心强，具备言传身教的能力。

3. 在工作岗位工作满 5 年以上。

4. 专科以上学历。

5. 技能水平需达到歌尔公司技师及以上水平且满 3 年以上。

6. 有过成功带新员工经验者、评选为优秀员工者优先。

二、师傅工作职责

1. 认真做好对学员的日常考勤和管理，加强职业道德、劳动纪律和企业文化等教育，培养学生文明、守纪的良好习惯。

2. 负责指导学员熟悉实习工作环境和防护设施，提高学生的自我保护能力，采取有效措施防止学生在实习中受到伤害和发生安全事故。

3. 认真做好对学员技能训练的指导和各技术环节的示范，使学生尽快掌握实际操作技能，严格要求学生，并经常进行提问、讲解与指导。

4. 认真听取学校和实习指导教师的意见。采取措施及时解决实习指导中存在的问题，不断提高实习质量。

5. 督促学员及时填写实习生手册，对学生的实习小结填写评语并签名。

6. 实行学员实习信息通报制度，定期向学校、学生家长通报学生实习情况。

7. 配合学校和第三方评价机构，对实习学员进行岗位评价考核。

8. 认真完成企业领导交办的其他各项工作任务。

二、徒弟选拔标准

下面介绍山东科技职业学院现代学徒制学徒的遴选办法。

山东科技职业学院现代学徒制学徒遴选办法

现代学徒制人才培养模式对学生的职业生涯发展具有积极的引导作用。学徒选拔是校企双方进行现代学徒制项目实施的基础。为保障现代学徒制项目的顺利实施，特制订学徒遴选办法。

一、遴选优质企业，校企协同推进现代学徒制实施

制订与优质企业合作的遴选标准，搭建大国工匠人才培养平台。尽量选择具有以下特点的企业作为现代学徒制项目实施企业：一是为上市公司或行业龙头企业，科技发展水平高，属于教育型企业，有完善的企业内部培训体系，拥有充足的教育教学资源，企业内部本身具有完备的课程、实训模块和训练包，认证体系完整；二是企业生产设备设施与技术工艺水平高，在同行业中具有一定代表性和影响力，引领行业技术发展标准，通过学徒制培养，使最新的行业企业标准直接融入人才培养全过程；三是企业文化先进，乐于承担社会责任。

二、联合优质企业，进行学徒选拔准备

校企共同参与选拔学生，学校协助企业完成选拔前的宣讲工作，统筹协调企业的笔试、面试、实践测试等考核工作，安排学生参观企业，公布录取名单。

学生报名后，进入职业测评阶段。高职院校的老师对所有报名的学生进行评估，主要从道德品质、性格特点、团队精神、学习态度等角度，全面了解学生的情况，作为选拔学徒的参考依据。

三、校企共同选拔

笔试、面试并重。为更好地满足企业岗位需要，需对报名的学生进行公开、公平、公正的测试，以便全面考查学生的知识、能力和素质，测试内容由企业和学校共同参与制订。以机电一体化工作岗位为例，笔试环节可以通过基础的数学题、绘图题、辨析题、问答题和操作题等题型，考查学生是否具有耐心细致的工作态度、准确高效的动手能力、条理清晰的思维方式、精益求精的工匠精神等岗位必需的职业素养。面试环节，主考官由企业人事、技术工程师、学校老师、管理人员等担任。通过与学生的现场交流，了解学生的兴趣爱好、性格特点、语言能力、心理素质，以及加入现代学徒项目的意愿度、个人诚信度、家庭的支持度、家人的行业职业背景、对今后职业发展的规划等。结合笔试、面试结果，参考评估和职业测评的结论，根据岗位需要，选拔出最适合该项目的现代学徒进行培养。

四、学徒遴选后的跟踪和职业生涯辅导

学校、企业及时跟踪学生（学徒）的学习生活，做好学生的心理和职业生涯辅导工作，提高后期学徒培养的稳定性，保证学徒制项目的顺利运行。

三、师傅考核标准

下面介绍山东科技职业学院现代学徒制师带徒考核标准。

师带徒考核标准

师带徒实施项目考核分为：月度考核、项目考核。

一、月度考核

月度考核由徒弟所在部门负责管理。各科室主管每月进行一次检查，填写《师带徒月度培训计划及考核表》中的考核部分，并对出现的问题提出整改措施及跟踪。

二、项目考核

考核协议期满后，学员和师傅应认真填写《师带徒鉴定表》相关内容，经部门负责人审核后，向综合管理部培训发展科提出申请，申请材料包括：《师带徒月度培训计划及考核表》《培训记录表》《师带徒鉴定表》及理论考试试题等。

1. 徒弟考核。

徒弟的理论考试的试题、内容和时间由部门自行确定，理论考试内容包括：公司规章制度（员工手册）、安全生产和计划培训内容。

徒弟的实践考试试题、内容、时间和考核组成员由科室自行确定，内容应包括：安全生产知识、计划培训内容。

2. 师傅考核。

徒弟考核完毕后，综合管理部门协助各科室对师傅进行考核。

考核依据包括：月度考核结果、师徒协议期内的行为规范和工作态度、徒弟的理论和实践考试成绩等。考核鉴定结果分为“合格”“不合格”。鉴定为“合格”必须具备以下条件：协议期满出徒、协议期师徒无违章违纪记录、无安全生产事故、完整的培训资料（培训教材、培训记录）。

三、出师条件

1. 特殊工种岗位的徒弟，要具有一定的解决问题的能力，能独立从事本专业制订项目工作，如有公司组织参加技能等级培训和鉴定的，必须通过相应等级技能鉴定。

2. 操作岗位的徒弟要掌握岗位操作规范和技术要求，掌握应知、应会内容，能熟练操作。

3. 技术、管理岗位的徒弟要掌握岗位的各项技术、管理技术要求，要具有一定的独立解决问题的能力，能独立从事本专业指定项目工作。

4. 所有徒弟的理论成绩和实践考试成绩都必须分别在80分以上。安全方面皆采用一票否决制。

四、师带徒培训奖惩规定

1. 日常奖励：部门内部自行制订，参照月度考核结果、师徒协议期内的行为规范和工作态度、徒弟的理论和实践考试成绩等。

2. 项目奖励：评授5名“优秀师傅”，每人奖励500元并颁发荣誉证书，参照月度考核结果、师徒协议期内的行为规范和工作态度、徒弟的理论和实践考试成绩等。

3. 各部门应优先考虑优秀师傅、徒弟的职位或专业技术职务的晋升。并把项目实施过程、实施效果纳入月度和年度绩效考核，考核办法由各部门自行规定。

4. 惩罚规定。

（1）以下情况取消奖励：徒弟在培养期内擅自离岗或调离（因个人申请调离）岗位的；徒弟在培养期内发生责任事故的；没有填写《培训项目推进计划表》相关内容的。

（2）以下情况扣除奖励50%：日常考核发现2次问题、月度考核不合格的；未在协议期内出师的。

（3）对于所有徒弟都未按时出师的项目，取消师傅和徒弟参与师带徒培训项目资格、内部讲师升级资格和公司级培训项目培训资格；部分徒弟未按时出师的项目，取消未出师徒弟参与师带徒培训项目资格、内训师资格和送外培训资格。

（4）徒弟在协议期内所发生的违章、违纪行为和安全生产事故，师傅承担同一责任。

（5）弄虚作假的取消所有奖励，同时依据公司有关规定上报处理。

（6）被终止协议的，取消师傅和徒弟下一年度参与师带徒培训项目资格、内训师资格和送外培训资格；关键岗位的徒弟未出徒的应调岗或待岗。

（7）学徒制试点所在部门或分厂可另行制订补充惩罚条例。

五、附则

1. 本制度的最后审批权与废改权归PPM事业部，解释权归综合管理部。

2. 本制度的其他未尽事宜，由公司综合管理部进行补充，并 PPM 事业部领导决策后执行。

3. 本制度自发布之日起实施，与本办法类似或冲突的相关文件，以本办法为准。

师傅考核标准

序号	考核项目	考核内容
1	教学态度	是否耐心、认真地向学员讲解相关专业技能、专业知识
2	培训计划执行及培训效果验证	是否为学员提供工作所需的相关培训，是否按教育训练计划表进行培训学习
3		是否进行相关考试与实际操作来验证培训效果、输出结果
4	专业授课 / 指导	是否对学员进行工作方面的指导与专业知识、技能的传授，是否讲解清晰条理
5		是否指导学员动手操作，将专业知识灵活运用于工作实践，提高操作技能水平
6	沟通交流	是否针对每天的实习状况跟学员进行沟通，对提交的心得报告及时批阅
7		是否进行沟通座谈，为员工解答疑惑，明确正确的方式方法
8	对学员的关注	是否非常关注学员工作与生活中的个人情况
9		学员工作表现出色时，是否得到鼓励与赞赏
10		工作中，学员的意见是否得到重视与关注
备注	以学员及部门主管打分各占 50% 为准	

四、学徒考核标准

下面以歌尔股份有限公司和山东科技职业学院机械工程系现代学徒制岗位技能考核管理办法为例介绍。

歌尔股份有限公司人力资源部

现代学徒制岗位技能考核管理办法

一、目的

为提升学徒制学生个人综合水平，增强学徒（生）对技能、流程及设备的掌握程度，通过对学徒（生）的“应知应会”内容进行考核认证，达到岗位要求，特制订学徒（生）岗位技能考核管理办法。

二、适用范围

本办法适用于山东科技职业学院机械工程系现代学徒制学生岗位技能考核认证。

三、考核权责部门

人力资源部：负责学徒制学生技能培训的统筹规划和考核认证的督导。

各部门：部门经理负责督导，由各部门指导师傅针对“应知应会”的内容对学徒制学生进行岗位技能考核及认证。

质检：协同各部门技术员进行学徒生岗位技能考核及认证。

四、应知应会内容

1. 应知内容

（1）公司的厂规厂纪及规章制度。

（2）安全常识。

（3）6S 的落实性。

（4）品质标准的掌握。

（5）各工序操作基本流程及相关知识。

（6）设备的简易维护与保养。

2. 应会内容

（1）对本职工作岗位及流程必须熟悉操作的知识。

（2）各工序的操作技能。

（3）各工作岗位标准操作的使用。

（4）自主检验的落实。

五、考核等级划分

由各部门依据工序的不同，设定各工序考核等级，从高到低依次为：A 级、B 级、C 级。

A 级：善于技术类的指导及处理相关流程出现的问题。

B 级：熟练多岗位操作技能，并能协助配合本班组工作。

C 级：熟悉并了解基本的操作流程及知识。

六、考核认证操作程序

由各部门成立考核领导小组。

1. 考核组长：部门经理（监督考核）。

2. 考核组员：部门技术员、指导师傅（实施考核）。

3. 考核小组对学徒生岗位技能考核认证过程期间，需要在听取考核人的陈述及其他员工意见的基础上，对照考核内容提出考核初定级别。

七、考核评估机制实施细则

1. 由质检及各部门技术员针对“应知应会”的内容组织考核，同时每月与岗前技能培训同步进行，并将考核认证评估成绩呈报上级。

2. 各人员的综合成绩分为“应知”“应会”两个部分，综合认证评估成绩为：A 级者为优秀，B 级者为合格，C 级者为不合格。

八、技能考核成绩作为出徒标准的一项指标。

山东科技职业学院机械工程系

现代学徒制评价指标体系

现代学徒制是以校企双主体育人为前提、以工学结合为核心的一种新型育人模式，对学生毕业出徒的评价不同于以往的单纯以学校为主体、以学业成绩为单一评价指标的方式，机械工程系机械制造与自动化专业与歌尔声学股份有限公司 PPM 事业群模具部经过充分研讨，结合山东科技职业学院“五位一体”的人才培养体系和歌尔声学股份有限公司 PPM 事业群模具部生产岗位需求，从学校学业与企业实习两个方面，分思想素质、人文素质、专业素质、技能素质、创新与社会实践五个模块，为现代学徒制试点构建评价指标体系，学生所有指标达到合格标准，视为该生达到毕业出徒标准。

学校学业成绩评价指标

评价模块	评价载体	评价指标	指标要求	指标属性	考核方式
思想素质	思想道德修养与法律基础、毛泽东思想和中国特色社会主义理论体系概论，形势与政策	学业成绩	考核合格	出徒必需	考试
	综合测评	综合分数		过程督导	统计汇总
人文素质	计算机应用基础、体育、使用外语、应用文写作、军事理论、心理简况、专业英语、入学教育与军训	学业成绩	考核合格	出徒必需	考试
专业素质	应用数学、机械图样绘制、工程材料及改性、AUTO CAD 软件应用、互换性与测量技术、PROE 软件应用、液压与气动技术、机械零件加工与质量控制、机械设计基础与实践、数控铣床编程与加工、电工电子、电器控制与 PLC	学业成绩	考核合格	出徒必需	考试
	毕业设计（论文）	成绩	考核合格	出徒必需	论证答辩
技能素质	金工实训、CAD 测绘实训、《机械设计基础》课程设计、数控铣床加工实训、电器控制与 PLC 实训、电工电子实训	学业成绩	考核合格	出徒必需	考试
	技能证	证书	2 张以上	出徒必需	计数
创新与社会实践	大学师就业指导、创新创业教育	学业成绩	考核合格	出徒必需	考试
	社会实践	实践报告	内容合格	过程督导	统计汇总

企业实训成绩评价指标

评价模块	评价载体	评价指标	指标要求	指标属性	考核方式
理论学习	模具设计制造基础、UG软件应用	学业成绩	考核合格	出徒必需	考试
职场认知	企业文化认知、职场化认知	实习报告	内容合格	出徒必需	统计汇总
岗位训练	阅读考核	考核成绩	考核合格	出徒必需	统计汇总
	实习总结	实习报告	内容合格	过程督导	统计汇总
顶岗实习	岗位技能考核	考核成绩	考核合格	出徒必需	技能考核
	实习总结	实习报告	内容合格	出徒必需	统计汇总

五、第三方考核标准

下面以山东科技职业学院现代学徒制第三方评价考核办法为例介绍。

现代学徒制第三方评价考核办法

为贯彻落实《现代学徒制试点工作实施方案》精神，确保学生在轮岗实习期间切实掌握工作岗位所需要的专业技能，推动职业教育内涵发展，提高职业教育人才培养质量和水平，特制订本办法。

一、指导思想

坚持技能为本、能力为重，以实习计划及实习大纲为统领，以企业用人需求与岗位资格标准为导向，以学生（学徒）技能培养为核心，深化教育模式改革，推进教育机制创新，建立第三方（行业、企业）评价机制，增强高职教育对经济社会发展的人才支撑力，提升高职教育的核心竞争力。

二、考核原则

1. 科学、规范、有序。科学制订现代学徒制第三方评价考核内容及标准，规范考核工作流程与方法，有序开展评价考核工作。

2. 公平、公正、公开。所有学徒都必须参加第三方评价考核，统一评价考核标准与方法，公开考核结果，接受社会监督。

三、考核内容与方法

1. 考核内容。按照实习计划和实习大纲，学徒接受训练的岗位技能的实际操作能力。

2. 考核方法。根据本专业实习岗位数，通过现场抽签抽取 2~3 个岗位实地考核。

四、组织实施

（一）考核人员

在行业、企业和职业技能鉴定中心等单位中选择责任心强、公正、正派、取得国家职业技能鉴定考评员资格的人员担任考评员，对学徒岗位技能进行达标考核。建立考评员人才库。

（二）考核时间

在学徒轮岗实习结束后进行考核。

（三）考核程序

第一步，学徒进行现场抽签，根据各专业轮训岗位的数量、性质，抽取 2~3 种岗位技能；第二步，学徒在实际工作环境中进行现场操作；第三步，考核人员填写《现代学徒制第三方评价考核表》（见附件），现场打分，评定专业技能等级。

（四）考核结果处理

（1）考核分优秀、良好、中等、及格、不及格五个等级。90 分及以上为优秀，80~89 分为良好，70～79 分为中等，60～69 分为及格。

（2）考核不及格者，延长轮岗实习时间，重新考核达到及格后，方可转为准员工，进行顶岗实习。

五、附件

现代学徒制第三方评价考核表

<table>
<tr><td>学校</td><td colspan="2"></td><td>班级</td><td></td></tr>
<tr><td>专业</td><td colspan="2"></td><td>姓名</td><td></td></tr>
<tr><td>考核技能名称</td><td colspan="4"></td></tr>
<tr><td rowspan="11">第三方评价考核标准</td><td>考核项目</td><td>满分</td><td>评分要求</td><td>得分</td></tr>
<tr><td>1. 独立工作能力</td><td>10</td><td>独立完成</td><td></td></tr>
<tr><td>2. 动手能力</td><td>10</td><td>有较强的动手能力，协调性较好</td><td></td></tr>
<tr><td>3. 完成情况</td><td>12</td><td>在规定时间内，完成本技能在实习大纲中规定的全部动作</td><td></td></tr>
<tr><td>4. 操作流程</td><td>12</td><td>按操作规程操作，严禁违规操作</td><td></td></tr>
<tr><td>5. 动作的规范程度</td><td>12</td><td>按照职业技能鉴定标准的要求，动作规范</td><td></td></tr>
<tr><td>6. 动作的准确程度</td><td>12</td><td>按照职业技能鉴定标准的要求，动作准确到位</td><td></td></tr>
<tr><td>7. 动作的熟练程度</td><td>12</td><td>按照职业技能鉴定标准的要求，动作熟练流畅</td><td></td></tr>
<tr><td>8. 安全操作</td><td>10</td><td>严格遵守技术操作规程，无意外事故发生</td><td></td></tr>
<tr><td>9. 爱护公物</td><td>10</td><td>爱护工具、量具，节约原材料，未出现设备的损坏</td><td></td></tr>
<tr><td>合计</td><td colspan="2">100</td><td></td></tr>
<tr><td rowspan="2">综合评价</td><td>考核等级</td><td colspan="3">□优 □良 □中等 □及格 □不及格</td></tr>
<tr><td>技能等级</td><td colspan="3"></td></tr>
<tr><td colspan="5">考评员签名：　　　　　　日期：</td></tr>
</table>

参考文献

[1] 冯俊丽.澳、英现代学徒制比较研究［D］.广州：广东技术师范大学，2019.6.

[2] 关晶.西方学徒制研究——兼论对我国职业教育的借鉴［D］.上海：华东师范大学，2010.3.

[3] 温振丽.澳大利亚现代学徒制的变革及其启示［D］.杭州：杭州师范大学，2018.3.

[4] 顾心怡.西方学徒制中师徒关系的演变及启示［D］.金华：浙江师范大学，2018.5.

[5] 关晶.西方学徒制的昨天、今天与明天［N］. 华东师范大学学报：教育科学版，2010（1）.

[6] 殷俊玲.晋商学徒制习俗礼仪初考［J］.山西大学学报：哲学社会科学版，2005（1）：73-77.

[7] 赵伟.学徒制发展的历史逻辑和我国的选择［J］.中国职业技术教育，2013（10）.

[8] 肖凤翔，李强.职业教育的历史起点与逻辑起点探析［N］.天津师范大学学报，2014（3）.

[9] 黄尧. 职业教育学原理与应用［M］. 北京：高等教育出版社，2009.

[10] 郑瑾瑜.中国师徒关系的变迁过程及其社会建构［J］.现代交际，2017（18）.

[11] 吕玉曼，徐国庆.现代学徒制中影响师傅带徒积极性的制约因素探析［J］.职教论坛，2017（4）：35-38.

[12] 韦世友.现代学徒制背景下师徒关系的研究［D］.桂林：广西师范大学，2018.6.

[13] 瞿磊.从传统到现代学徒制背景下师徒关系的转变研究［J］.江苏教育研

究，2018（6）：32–35.
[14] 陈旭 . 现代学徒制中师徒关系的现状与问题研究 [D]. 上海：华东师范大学，2017.4.
[15] 张宇，徐国庆 . 我国现代学徒制中师徒关系制度化的构建策略 [J]. 现代教育管理，2017（8）：87–92.
[16] 郝延春 . 现代学徒制中师徒关系制度化变迁历程影响因素及实现路径 [J]. 中国职业技术教育，2018（10）：38–43.
[17] 张海波 . 现代学徒制中师徒关系的历史演变与发展方向 [J]. 智库时代，2019（7）：204.
[18] 姚炜，张伟 . 现代学徒制中师徒评价指标体系构建 [J]. 高等职业教育探索，2019（5）：25–32.
[19] 贾文胜 . 我国高职院校现代学徒制运行机制研究 [D]. 上海：华东师范大学，2018.5.
[20] 崔丽莉 . 适合现代学徒制发展需要的师傅队伍建设研究 [D]. 金华：浙江师范大学，2017.3.

后　记

《职业教育现代学徒制新型师徒关系的研究与实践》一书是作者承担全国教育科学“十三五”规划2018年度教育部重点课题“职业院校现代学徒制背景下新型师徒关系的研究”（编号DJA180327）的理论研究成果，历经一年半的撰写，终于在全国众志成城抗击新型冠状病毒肺炎疫情大战中成稿，可喜可贺，也祝福全国人民在中国共产党的坚强领导下，迅速、彻底、干净地打赢这场“战疫”！

两年来，围绕学徒制历史演变及师徒关系的历史变迁、现代学徒制中新型师徒关系如何构建等，进行了较为广阔的前瞻性理论探究、深度思考和实践探索。有教育学、心理学、哲学等学科视野，还运用了社会学、管理学等学科理论与方法。致力于探寻新时代职业教育大发展背景下，如何通过新型师徒关系的构建，来促进现代学徒制的大发展，进而为推动职业教育高质量发展添砖加瓦。

在完成本书稿之际，有以下三点思考与读者共勉。

思考一：在新型师徒关系下，“学徒的全面发展”成为现代学徒制师徒关系的核心。学徒制的主要目的是解决学徒的岗位技能学习问题；现代学徒制则更多地关注学生的可持续发展和职业流动需求，强化了基础理论、基本素质以及通用能力的培养。换句话说，现代学徒制逐步关注学徒本身，关注学徒在知识、能力和素质方面的全面发展，突出关注“人的全面发展”和学徒可持续发展的社会责任，不仅仅要解决当前社会青年的就业问题，同时更要将学徒的职业生涯发展、个人生活圆满幸福作为现代学徒制教育的核心目标。英国现代学徒制的改革经验表明，与培养学徒的岗位技能相比，培养学徒的关键能力更有价值。师傅对徒弟的教育必将从传授岗位技能转变成为关键能力的培养，涵盖了能力本位要素、知识本位要素和关键技能要素。荷兰学徒制项目也规定了必须包括社会文化、普通技术和职业三个维度。

思考二：多元化师资团队是现代学徒制实施的关键要素。目前，学徒的培养普遍采用“双导师”制度，即企业导师和学校教师分工合作，完成学徒岗位技能、理论和综合素养的培育。师傅代表企业的利益，其个人能力和师德在很大程度上会影响学徒的质量。现代学徒制应该强调教学组织结构化，现代学徒制的师傅角色不再由一人承担，而是一个多元构成的师资团队。企业导师和学校教师的身份融合是一条可行之路。

思考三：从“师教徒学”到“师徒学习共同体”的构建是未来现代学徒制要走的一条路。长久以来“师教徒学”是师徒教学内容的主要方式，在传统学徒制体系中，学徒对技艺的学习是单向的、被动的，师傅是学徒唯一的模仿、学习对象和榜样，也是最权威的知识来源。直到现代学徒制与职业教育相结合，师徒之间不再局限于师傅对徒弟的耳提面命，而是形成了多维度的关系，师徒关系不仅给学徒带来影响，也会给师傅和组织的发展带来影响。在这个背景下，维系良好的师徒关系最好的方式是师傅与学徒共同提升，形成“学习共同体”。学徒在信息化社会的开放性学习环境中，可以从各种途径获得学习资源，甚至有条件比师傅更好地掌握新的技能或者了解新的资讯，所以师傅应尊重学徒（学生）的个性，采用民主平等的、易让学徒接受的方式进行技能传授，师徒结成互相促进、共同提升的“学习共同体”，从而构建教育性特质基础上的新型师徒关系。

以上云云，与职教同仁共勉。

公衔命既重，勉励为作。法之效验，未敢悬知。

丁文利
2020 年 2 月 1 日